回家

今日是明日的回憶

黃麗穗 著

謹以本書獻給陳武剛先生——一個愛家、關懷無數家庭、有擔當有責任的人。

自序
出走，只是爲了想家

我的上一本旅遊書，叫《出走》。這一本，初初提筆之際，書名便已然在心中成形……

出走過後，我要「回家」。

我很少在書裡提及思鄉的情緒，我寫名山大川、小鎮風光，極盡所能欲將所聞所見帶給讀者們。至於旅途中的勞頓抑或不順遂，總覺得純屬個人經驗，沒什麼好拿來獻醜或說嘴的。所以大家只見我玩得風光，卻不知我其實在許多異鄉的夜裡輾轉反側，因爲想家。旅行中的我永遠睡不好也睡不飽，這其實大相違背我的美容主張，遑論那必須辛苦調整的時差。

《出走》付梓至今兩年，七百多個日子，我又去了非洲、美國、加拿大、北極、英國、法國、日本……北極那一遭，我極少見的生了病，又因爲身處極寒地帶，拖著病體旅行，元氣大傷。回來以後信心全失，一度甚至萌生「也許眞該向年齡妥協」的念頭。

但生命的奇妙正如旅行，你永遠不知道下一個轉角會遇見什麼。我在北極失去的信心，後來卻在非洲大地找了回來。在那個刷牙、如廁、飲水都遠不若台北居方便的動物王國，我反而生龍活虎，見識了自己其實仍有無限可能！

最原始的異鄉，卻給了我最大的力量。

生命最原始的熱忱，讓我原本並不強壯的身體，有了上山下海的力量。我明白每件美好事物的背後，都一定有必須付出的代價；我體悟人生每個階段的改變與得失。每當我離家旅行，便是我對家的思念最悠長之時。旅行讓我學會在矛盾之際取捨——去北極，不怕嗎？當然怕！離家千萬里，放得下另一半與孩子嗎？當然放不下！可是，若不毅然成行，只怕我會有更多的抱憾吧。

這一趟，我在旅行中，書寫更多人生風景與心情。在回家之前，我收束好所有的見聞與思念，然後，當我推開家門，放下行李箱的那一刻，我那歸心似箭的愛，便會迫不及待的奔向家人了。

/ CONTENTS /

PART 3 極地・絕美景觀

PART 6 旅行‧生命熱忱

Part 1——

歐洲・永遠優雅

在跳蚤市場遇見的美好

心心念念的去尋，或有失落的可能；無意間的邂逅，反而常成就最完美的相遇！

巴黎向來讓我無法拒絕，至今已去過十數次，仍然患有重癮。每隔一段時間，癮頭一犯，便得向自己的心投降，飄洋過海解饞去。

除了我在前一本書中提過的美術館、博物館、三星美食、流行時尚、優美街景，巴黎還有一個引人「中毒」的原因，出在它的「跳蚤市場」。

巴黎的跳蚤市場眞是令人百逛不膩。那些年分不詳的古董們，各自在攤位上孤芳自賞，等待有緣人。有的狀態良好，雖舊猶新；也有的小有磨損，但瑕不掩瑜，甚或更添歷史感。再古老再尋常的物事，都有機會出現在某個角落。心心念念的去尋，或有失落的可能；無意間的邂逅，反而常成就最完美的相遇！

比如這一回，我買到一只金銅色的化妝盒，扁扁的，比一張名片大不了多少。盒身有著細細的紋路，還附著一條短小細巧的金鍊子。盒內有小鏡、一小塊可置粉心的空間，一格可裝口紅的凹槽；麻雀雖小，卻可眞是五臟俱全。想想若有合適的

跳蚤市場，是巴黎令我「中毒」原因之一。

晚宴場合，讓它像迷你手拿包那樣垂綴於手腕上，襯之以《大亨小傳》風情的小禮服，不知有多麼優雅古典。最棒的是，因爲它來自跳蚤市場，根本不必擔心與人「撞包」，保證獨樹一幟。

我還花了幾十塊歐元，買了幾只花色各異的袖扣。誰說袖扣只能是男人的專利？這些漂亮的小配件讓我時尚的靈魂驀地甦醒，腦筋不斷的轉著：放在某件襯衫袖口上，一定很特別；再不然當別針用，應該也很不錯。

一只小銀盒，雕著漂亮的花飾，有個好握的木把手，按壓之際可將盒蓋開闔。全然不知從前人拿來做什麼用的，但我想用它裝糖，客人來時把小銀盒拿到人眼前，一邊問著：「要不要來塊糖？」一邊輕巧的按開盒蓋……光是想像都覺得好「酷」！於是花了九十歐元，它也成了我的。

遊逛跳蚤市場的樂趣，某部分就在於這種想像力的極致馳騁。如何賦予老物新生，不也是一種考驗智慧的遊戲嗎？

老東西也很適合爲友情錦上添花。我看上一塊假領，紫色，鑲著許多小珠珠，很復古，要價六歐元。同行的朋友也喜歡，但猶豫著買了恐怕不敢戴。見她把東西放回攤位，我便拿起來要付錢，不想她竟又決定要了，於是終歸她買了去。

想不到回國沒幾天，收到她寄來的禮物，就是那塊紫色假領！朋友說，回來愈想愈覺不好意思，所以還是把領子送我。我不但沒花半毛錢，甚至多收下了溫馨友

想像這些在跳蚤市場裡發現的物品，曾經屬於誰？原來的主人是在何種情境下使用它們？它們背後曾隱藏著什麼樣的故事？就是它們最吸引人之處。

情，多麼物超所值！

我也在跳蚤市場上，爲好友孫越尋到兩把刀。一把眞是古舊到不行，刀鞘尤其被歲月蛀蝕得像要碎掉，但我知道老友定會愛極。另一把彈簧刀，我擔心他老人家，再三叮囑，就怕一個不小心，刀鋒彈出來，那可危險！未料他聞言竟哈哈大笑，反「將」我一軍說：「阿穗您老，我可是從小玩彈簧刀長大的，這我還不懂嗎？」

買下跳蚤市場的老東西，貪的多半不是便宜，而是故事；卻也有那種買得太過開心、渾然忘我，以至於把自己的好運傻傻遺落的情況——

花了七十歐元，高高興興買了七個古董藥盒子，糊塗如我，卻把東西留在攤位上沒拿，白白把錢送了人！這方面法國佬就不若日本人，他們不會像後者那樣巴巴的追上來說客人您東西忘了，既然錢付了，商品沒帶走就是您自個兒不對囉！

朋友紅麗在跳蚤市場買了一套非常漂亮的乳白西式餐盤，邊緣鑲一圈金色。包含大湯盤在內，大大小小一共四十件，只花她一百歐元。我呢，買下一對燭台，中間的柱身是黑色，上下則是透明水晶，美得不得了，也只要六十歐元。

次日我們便要回台，於是好不容易找到一間週日有營業的郵局，請他們將東西寄回台北。我的兩支燭台，運費竟要五十歐元，但貪圖省事，還是寄了。

一週後我們收到包裹，朋友的餐盤破到一半不剩；而我的燭台，兩支都斷了！萬分捨不得而送修，又花了當初買燭台外加運費的金額；而且只能得回原貌的百分之八十！

「缺陷美也是美啦！」我只能苦笑著這般安慰自己。兩支帶傷的燭台，日後每用一次，必定又能回味一回……那美麗卻又「脆弱」的相遇吧！

關於旅行時的「吃」

當你將鮮奶油倒在巧克力上，極冰與極熱的組合，幻化成口中層次分明的美味！

出門在外，「吃東西」這件事到底該不該講究？自然是因人而異。有人覺得玩要重要，食物可以飽足或餬口就行；有人則是願意為名聞遐邇的美食啓程，圓一個味覺的夢想。

近幾年我的旅行，關於吃的部分，漸漸在「專程」與「隨遇」之間取得一種微妙的平衡。前者是朝聖，後者是惜緣。對我來說，只要入口的東西的確美味，都好！

能夠慢慢的吃，細細的品，身旁還有親情或友情相伴，一個人還能冀求超乎於此的福氣嗎？

春末夏初的五月底，我與朋友赴法旅遊，在桃園機場準備出關。查驗隨身行李時，海關人員發現我的化妝包裡有把小剪刀，那是我出國必帶，用來修剪髮尾的工具，一時粗心，忘了收進託運的行李箱。這下可慘，海關說要不沒收；要不我重新出去，把東西收妥再進來。朋友一看我那剪刀，馬上說：

「這麼古典又漂亮，被沒收太可惜了！」於是我們又出來，重新走一次出境程序。

折騰間，突聞有人喊我，回頭一看，是經營旅行社的蕭先生，帶著他美麗的妻女，也在行伍中準備出境。匆忙寒暄兩句，只知道大家的目的地都是法國，並沒有互問盤桓的日期，便又各自散去。

兩天後，我在巴黎的某間名店裡，正爲朋友託買的包包傷腦筋，聽見有人叫：

「黃老師！」

眞是巧，又是蕭先生。

兩次的偶遇讓蕭先生無論如何都要請我們吃鴨子，他說是台北絕對吃不到的法國鴨，充滿巴黎在地的味道。我當然興趣滿滿，美食當前，又是朋友的熱情邀約，焉有拒絕的道理？

那頓一鴨兩吃眞的讓我大爲驚豔，沒有炫目的裝潢，平實的法國餐廳裡賣的卻是不可多得的美味。以橙汁與酒料理的鴨肉，在客人面前切塊，上桌。鮮、嫩、多汁，鴨腿的部分加上菇類烹煮，又變身另一道佳餚。

怪不得都是熟門熟路的法國老饕在店內大快朵頤，我們這幾個台灣旅客，夾處在巴黎人中間，反而更顯得「識貨」呢！

巴黎還有間緬越餐廳，冬天去法國時，因為冷，不想老吃西餐，所以我晚上常選擇去吃碗熱呼呼的河粉。胃暖了，身體也就跟著舒服。店裡的籃子蒸飯非常香Q，配上河粉湯的鮮美，足夠讓我在異國的冬夜，滿足得笑逐顏開了。

旅途中，有時白天行程匆忙，沒時間好好坐下吃一頓，我也會選擇路邊的小吃，簡單解決一餐。比如龐畢度美術館的後街街角，路邊攤賣的棍子麵包夾火腿、起司，機器將麵包烤得熱熱的，配杯咖啡或奶茶，也能吃得挺飽。

逛得疲累時，我的最愛是「Angelina」咖啡館。它就位在羅浮宮左邊，相距幾個街口，從羅浮宮出來，步行只要十幾分鐘。古典雅緻的裝潢，賣著各式各樣的糕點、茶、咖啡……我必點的永遠只有兩樣：熱巧克力、栗子蛋糕。

Angelina咖啡館的熱巧克力、栗子蛋糕，是我的最愛。

滾燙的巧克力，裝盛在溫過的瓷杯中，旁邊附上一小杯冰的鮮奶油。當你將鮮奶油倒在巧克力上，極冰與極熱的組合，幻化成口中層次分明的美味！奶油香醇，巧克力濃郁，眞是餘味㚐㚐啊！

栗子蛋糕更是不惜成本，底座只有一點點，其餘幾乎全是栗子。入口即化，不過甜也不嫌膩，好吃極了。

到「Angelina」享受，經常會遇上大排長龍，但等個二、三十分鐘，我個人以爲，完全値得。

如果選擇麥當勞，無非是圖它的廁所。在歐洲上洗手間眞的很不方便，當你內急卻又無處可解決時，位在香榭大道上，包裹著純美式外衣，本來看似與歐洲古蹟格格不入的麥當勞，突然間就會變得無比親切起來！我們戲稱它爲「美國大使館」。麥當勞自然稱不上美食，然而話說回來，民生「小」事若不順心，只怕再棒的食物也無福消受！此外，現在巴黎街頭多了一款流動廁所，相較於台灣常見的那種，巴黎的略爲寬敞。在此要特別提醒讀者們注意的是，每當有人使用完畢，出來關上門後，藍色燈號亮起，表示內部正在自動清洗。此時千萬不要開門，因爲洗的方式是整間廁所全部沖水！所以使用前，請務必先行確認，要是貿然開關門，就只有被淋成落湯雞的份了。

從洗手間開始的視覺饗宴

這大膽又漂亮的顏色，讓本來急著上廁所的我，不由得放慢了腳步。

我一直主張著：「從洗手間看餐廳品質」的理論，尤其是那種大張著設計旗鼓、標榜品味的餐廳，更是關係至鉅。就算菜餚再美味，若洗手間讓人失望，心裡對餐廳的好感便去了大半。

當你在一家初次拜訪的餐廳，用餐空檔對朋友說：「我去一下洗手間。」時，不知道是否也跟我一樣，內心帶著一種訪查探究的情緒。

在世界各地，我覺得漂亮或舒適的餐廳洗手間不少，但讓我目瞪口呆以致流連忘返者，法國的「**Ducloux Yohann**」，算是史上第一家。它位於我們往羅切科斯城堡酒店（**Chateau de Rochecotte**）的途中，是間設在葡萄莊園裡的現代餐廳。

首先是色彩。自洗手間外讓客人吊掛外套的牆面開始，就漆著嫣紅色！這大膽又漂亮的顏色，讓本來急著上廁所的我，不由得放慢了腳步。殊不知進去之後，竟有更大的驚喜——

Ducloux Yohann餐廳充滿現代感、配色大膽、設計新穎的洗手間，令人驚豔。

洗手台左右兩邊，依然以嫣紅爲底的牆面上，有著形狀如蜂巢一般的不鏽鋼架，裡面捲放著一條條給客人擦手的毛巾。橘色、黑色、粉紅色，巧妙的形成另一種實用的壁飾。

洗手台主體做成長筒狀，最上面是不鏽鋼，中段則是透明玻璃，其後居然植栽著綠色植物。上方在一般成人額頭高度的位置，設有體溫感應器，當你站在洗手台前，水龍頭就會自動出水。水槽中則鋪設著小拳頭大的石頭，防止水花濺出。

玻璃管中，裊裊婷婷伸出兩支新鮮的馬蹄蘭，想當然耳是直接將水流經過的玻璃柱當成花瓶使用，一舉兩得。

放衛生紙處，是一個上半段爲嫣紅色的圓柱，固定於黑色的牆面，柱子下方一處挖空，用以掛衛生紙。

洗手台上還放著三只精巧的小杯，裡頭點著

蠟燭，燭杯間則擺置著洗手乳。

而直立於地板的玻璃大罐中，堆疊著無數的紅酒軟木塞，看似隨意，卻是不著形跡的美麗。

衣物間的衣櫃門是黑色，中間一段嫣紅，以呼應牆面。爲透氣考量，門面採縫隙寬大的百葉設計。此外還掛著現代畫，也與整體配合得天衣無縫。

洗手間都已經這般讓人驚嘆了，何況美食！照片上的我一臉呆愣，不爲別的，正是因爲前菜美得令人驚嘆。一小杯、一小口；小巧的迷你紅蘿蔔、白色花椰菜、黃瓜汁；光是顏色就已如此認眞且講究，遑論食材的營養配置。一路吃到甜點，一路不能或停的搖頭讚嘆，每道菜都好吃，簡直從眼睛到嘴巴到心，都在享受人生莫大的歡快與幸福！

「Ducloux Yohann」是一間得天獨厚的、葡萄園中的餐廳，傍山而築。站在庭院中，放眼望

Ducloux Yohann餐廳的前菜到甜點，每道菜都好看又好吃，教人從眼睛、嘴巴到心，都享受到歡快與幸福！

去，整個山丘都是他們的。天空是摻雜些許靛藍的灰，恰似一張上了底色的畫布，襯得近處的樹幹、葉片，分外有種美妙的姿態。餐廳大門前有一段順勢而升，踏階平淺的階梯，旁邊鋪疊著小小的鵝卵石。中間則設置不鏽鋼水道，細細的流水輕緩的經過，很無憂、很自在。陽台上方的屋簷，如巨傘般盡情延伸，與偌大的庭院更加契合。院子裡還可見到一些如刺蝟等的動物雕塑，也十足鄉村野趣。

　　這餐廳擁有自己的酒莊，不點酒根本無異於暴殄天物。於是我們六個人，花了二十六塊歐元，點了一瓶最年輕的（二〇一二年份）紅酒，想不到非常順口，與我們的菜餚亦頗搭配。相談甚歡之下，老闆竟豪爽的送

在到處都可看見古蹟、充滿古典風味的法國，居然在一座葡萄園中，藏著一間無論硬體、
軟體設計都如此充滿現代感的餐廳，著實令人耳目一新。

↓餐廳門口的米其林兩對「刀叉」標示，果然名不虛傳。

←餐廳院子裡的雕塑，也充滿現代感。不鏽鋼水道，令孩童們都忍不住前往嬉戲。

了我朋友的女兒一瓶酒，讓她帶回英國呢！

你聽過三星，但你可知米其林有另一套評選好餐廳的標準，是「刀叉」。最高級為三對刀叉，我去的這間，門外清楚標示著兩對。換句話說，它還不是最頂級的，但已然令我驚豔若此。所以你說嘛——

世界這麼大、這麼好玩，哪裡捨得不「出走」呢？

以美景成全美意

我端詳著那只鍋，苦惱極了……

五月，法國的午后。

距離巴黎約兩、三個鐘頭車程的一間鄉下小餐廳裡，我們一行六個人，在各自喜愛的情境中享受著：有人正細品盤中美食；有人悠悠地聊著天；我呢？帶著愛不忍釋的表情，細細欣賞一只銅鍋。

銅鍋是餐廳兼賣的古董之一，約莫一個孩童的兩手合抱大小，金銅色，漂亮得不得了！歐洲農家常將這種鍋掛於兩根Y字形鐵架橫亙的鐵杆上，其下燒著旺旺的爐火，將肉類與蔬菜（或是魚與蔬菜）燉煮成一大鍋主食，再用撕下的小塊麵包蘸著湯汁吃。銅鍋保溫效果好，是極佳的食具。你或者也曾在西方電影裡看過這種場景：窗外大雪紛飛，窗內卻總有嗶剝作響的壁爐柴火。火光映照著人們紅紅的臉頰，一邊吃著尋常的鄉村美食，一邊啜飲著溫潤順喉的佳釀。大家談笑著，明明只是小小一方天地，卻無比舒適愜意……

我端詳著那只鍋，苦惱極了。它一點也不貴，八十塊歐元，合台幣也不過三千

出頭。問題是它很重，又大，行李箱肯定塞不下；實在喜歡卻又不敢買。正躊躇著，妹妹一個箭步撲向那只鍋，歡天喜地的將它買了下來。

扼腕啊！

妹妹實在很行。我的擔心，對她全然不成問題。她拆了一個買其他東西附贈的紙盒，又塞又綑的，把銅鍋包了個妥妥貼貼，就這麼一路抱上飛機，又一路抱下飛機，看來辛苦，卻沒聽她嚷累，平安將鍋帶回了台北。

隔了沒多久，我的結婚紀念日到了，妹妹笑嘻嘻的送上禮物——正是那只令我心心念念，以爲它已然琵琶別抱的銅鍋啊！

家裡人口簡單，我沒辦法眞用碩大的銅鍋煮頓美食款待妹妹，但我想到更好的……你可知金銅色的廣口大鍋當花器有多麼美！何況它是古董！大把的花朵，怒放在客廳一角的銅鍋中，或嬌黃或豔紅，間有脆綠枝葉輕巧地蜿蜒而下……我以美景，成全了妹妹這份來自法國鄉間的盛情！

小小脫隊的意外邂逅

她盛放時，有我欣賞；她凋謝了，我也該踏上歸途。

我愛花，家裡不分四季，總有鮮花當擺飾。繽紛的花顏中，我獨鍾紫色；尤其深紫，典雅、高貴，實在難以抗拒！

這份對花朵的熱愛也延及旅行。我有個習慣，但凡投宿的旅店超過兩晚以上，就想把房間布置一下。那麼，還有什麼比鮮花更適合呢？她盛放時，有我欣賞；她凋謝了，我也該踏上歸途。這豈不是一種各取所需的完美關係！

這次去法國住古堡，我就捧了一盆花隨行。

花是在巴黎買的，兩天兩夜都沒謝，於是我把她帶著走。半途有上餐廳的機會，就給她澆點水。無微不至的照拂，換來始終笑意可掬的花顏，也爲古意森森的古堡平添一份歡快鮮活的生命力。

法國鄉間的花朵更是美到令人垂涎。就在前文提及的那間兼賣古董的餐廳，飯後，當眾人品嚐著咖啡時，我獨自一人，信步來到院落裡，賞花去。

無論他們是刻意栽植抑或是無心插柳，整個院子的花草配色眞是美極了。遑論

我遇見了我的至愛——紫藤花！

紫藤是法國五月的當令花朵。她總是大把大把怒放，懸垂而下，姿態宛若瀑布，其美貌不言可喻。然紫藤花期極短，倏忽兩個星期，便匆匆逝去。五月到法國，遇見紫藤的機率很高；但多半是車窗外驚鴻一瞥，且花兒的陣仗也不大。這家鄉間餐廳院落中的紫藤，無拘無束的伸展著，開的是最圓滿的九分，優雅又大器。我既愛紫藤若此，有幸撞見這般盛景，幾乎無可遏抑的想要尖叫了。

廚師、店員們正在一角翹腿休息，我指指院子深處的紫藤，怯怯的問，可以讓我進去細看嗎？他們爽快的答應了，對於這種唾手可得的尋常景致，心裡說不定納悶著我的興奮究竟所爲何來？

心滿意足的賞完花，我們便又驅車前往下一個景點，車程相距一個多小時的另一間——古堡。法國古堡何其多！我突然倦勤起來，暫時不想再去參觀某位公爵與公爵夫人的生活，便跟朋友們說了，一個人坐在外面的大樹蔭底下乘涼。

一個多鐘頭過去，他們還沒出來，我也坐累了，於是起來走走。見到遠處一大圈鐵絲網，不少人扒住網子往裡瞧，像是在圍觀什麼。耳邊隱約傳來狗吠聲，愈走近愈清晰……

待我走到網邊，像大家一樣往裡探看，只見兩三百隻長得一模一樣的中型犬（我不知道是什麼犬種），正在鐵網圍住的範圍裡又叫又疾奔。場子裡還有個高起的土階，群犬就轟轟然的跑上去，再轟轟然的跑下來！因爲數量驚人，又不是小狗，場面實在有些可怕！我想可能是法國某種獵犬的飼育或訓練中心什麼，只是每隻都長得一樣，我倒像是在古堡的領地裡，無意巧遇了高科技的複製犬了。

美麗的紫藤；野性的狗群，看來，在安全範圍內的小小脫隊，總爲我的旅行，另開了一扇驚喜之窗呢！

人情，爲旅程錦上添花

在這完全沒有車馬喧擾的鄉間古堡，我簡直聽得見每一片樹葉的低語！

我這副現代人的靈魂，若置於十九世紀的法國古堡中，安安靜靜餵養兩夜，會是如何一番結果？

五月的法國，氣溫只有攝氏十幾度，白日陽光冶豔，草木一片榮景。然而當黑夜降臨，沒了日光的暖度，寒意便開始伸展四肢，在枝椏間蔓延開來……

我躺在垂幔層層的古典床榻上，千方百計的想要睡著，無奈我的努力與睡意成反比，聽覺也變得益發靈敏。別說什麼「靜得連一根針掉在地上都聽得到」；在這完全沒有車馬喧擾的鄉間古堡，我簡直聽得見每一片樹葉的低語！

眞的，因爲空間太廣，屋頂又挑高，靜夜裡的任何聲息都被放大了好幾倍。我的房間出奇的大，就連那完全古典裝潢，擺置著四腳浴缸的浴室，也比我們尋常人家的客廳還寬敞！你可以想見我一個東方小個兒，依偎著自己想像的緊張與恐懼，蜷縮在大床上的景象。尤其更添恐怖情境的是，房裡那些花色沉靜的窗簾啊床幔

羅切科斯城堡院子裡的盛開紫藤瀟灑迎客。城堡的建築自是富麗堂皇。

啊，全都是巨幅尺寸，好似每一處都可以輕易躲進一個人……

黑暗中，我就這麼巴巴地閉眼假寐，極不情願卻又無法拒絕的聽著窗外陣陣的風聲，樹葉們互相摩娑的窸窣聲，恰似一群人在我的窗外，用我聽不懂的法文，竊竊私語著……

最終，倦極累極，禱告外加鎮靜劑，我終於沉沉睡去。

其實我對這間羅切科斯城堡酒店的印象非常好。第一天傍晚初抵時，才剛踏進院子，便見一大排盛開的紫藤瀟灑迎客。一泊二食的餐點不但十分精緻美味，餐廳氣氛更是堂皇而美麗。穿戴講究的侍者們將我們伺候得如同皇親國戚一般，我簡直就要錯覺自己是古堡主人了！

我們住了兩晚，總共享用了四頓美食。從第一天的晚餐起，直到要離開的那日早餐，總會見到一位法國老紳士，拄一支枴杖，孤身坐在角落。他每餐總有香檳，與服務人員熟稔到不行，吃得也很豐盛。這種度假勝地，極少看到單獨旅行的人，相較於我們這六個人的大圓桌，老先生更顯形單影隻。實在好奇，又不願探人隱私，忍到第三天早餐，要離開了，才想知道究竟。

他器宇不凡，我們因此揣測或許正是堡主。法文流利的朋友偷偷問了侍者，這才知道原來老先生是常客，定期會到古堡一遊。據聞他太太正在住院，所以老先生才無人陪伴。

高齡九十的法國老紳士，優雅的氣質令人如沐春風。

老先生已高齡九十，巧的是這天正是他的生日。我們知道了以後，立刻託侍者去問，願不願意讓我們爲他獻唱一首〈生日快樂〉？

老先生欣然應允。於是我們六個人，從座位上站起身來，無比誠摯地合唱了英文版的〈生日快樂〉！

果然是老紳士，見我們站著唱，他也起身站著聽，聽完大力鼓掌，開心之情溢於言表。我走向他，輕輕的給了一個禮貌的hug。

我回座之後，老先生走了過來，一曲〈生日快樂〉拉近了彼此的距離，每個人爭相與這位腰不彎、背不駝、眼角不見下垂、藍眼珠澄澈有神的九十歲大帥哥合照。

他對我們說，太太與他同齡，今年

也九十了。「我這一生啊，」老先生笑得超迷人，「可就只有她一個女人喔！」接著他又補上一句：「當然啦，她也只有我這個男人啦！」

我們豔羨的笑著，心裡卻促狹地想：

「誰信啊？你可是個『法國男人』耶！」

老先生說，今晚有幾個朋友，將到古堡來幫他慶生，他已經訂下了餐廳的大桌。然後他轉向我，用那對迷死人的藍眼睛看著我的眼睛說：

「我誠摯地邀請妳加入。」

朋友立刻對老先生表示抱歉，我們是團體旅行，吃完早餐就必須離開。於是老先生優雅而禮貌的與我們握手道別。他一舉一動都無比紳士，不做作、不刻意耍帥，也不賣弄風情，所謂如沐春風，莫過於此。

美侖美奐的，不只是古堡；不只是鄉間景致，爲完美旅程錦上添花的，永遠是最美的人情啊！

古堡民宿的另種風情

窗開，又是滿眼春末夏初的繽紛……

歐洲的古堡有兩種：一是富麗堂皇，宛若宮殿；一是雅緻古趣，不見皇室氛圍。後者較接近「古堡民宿」的感覺。樂遊好玩如我，此次法國古堡行，自然不能失之偏頗。於是，在體驗了那「萬物皆巨大，唯獨我渺小」的榮華光景後，我們啓程前往預訂的另一間古堡，看看是如何一番不同的感受。

半路上經過的跳蚤市場，乏善可陳。難得我這跳蚤熱愛者可以守住荷包，甚至連往裡細逛的想望都沒有。友伴們興致盎然的四處瞧著，百無聊賴間，我發現角落有個小攤，賣著烤長麵包夾牛肉，於是買來大夥分食，不想竟是意外的好吃！

這到位的點心讓我驀地想起另一樣美食來——以前每次到巴黎傳統市場，總是對碩大如小甘蔗的蘆筍渴慕不已，私心揣想這玩意兒不知有多麼鮮潤好吃！但因爲行程受限，無法買來料理，總得眼睜睜放棄了它。這回可不同，正因爲要去古堡民宿，我終於可以放心從巴黎買了蘆筍帶著走，一路上不忘替它保濕，心心念念照看著它的肥碩新鮮，只等民宿主人烹煮料理了，便可以一償宿願，大快朵頤。

我一口氣買了兩綑！

古堡民宿約有十間左右的房間，朋友們把主人房讓給了我。窗開，又是滿眼春末夏初的繽紛。迥異於豪華古堡中那既霸氣又豔麗的花容，這寬闊的庭院裡，連樹木都植栽得很自然，看來不像貴族的領地，倒似地主的莊園；只有兩層樓的建築也不會讓人望之儼然。主建築面向大門的正面，就是供旅客居住的房間。客廳、咖啡廳一逕維持古典原貌，加之以美麗的壁爐，氣氛尤其滿點。廚房旁邊則連接著一排較爲樸素的房舍，據稱過去是僕傭房。

古堡除了男女主人，另有一對傭人夫妻，以及他們的小孩。僕傭夫妻各司其職，先生負責烹煮，太太負責外場招呼，整體氣氛與流程都掌控得相當得宜，很有賓至如歸的感覺。飯前他們還特地請我們移駕至客廳等候，在古堡裡，就連吃飯也成了一項值得尊重的儀式。

只是，我不得不說……這裡的食物，與前兩晚投宿的豪華古堡相比，實在是……不行啊。什麼都硬巴巴的、鹹鹹的，甚至就連餐後的糖果都不好吃！

還好……我們有蘆筍！

眞的，不騙你！整頓晚餐幸好有巴黎巨無霸蘆筍坐鎮，它果然跟我想像的一樣好吃，讓人滿口生津不說，而且一人還能分到五六根呢。

春寒料峭，飯後在暖爐旁來杯柑橘茶，美事一樁啊！

在古堡民宿裡維持古典原貌的客廳裡啜飲著茶點，彷彿自己也成了古堡的主人。

巴黎買的巨無霸蘆筍，果然跟想像中一樣美味！

夜宿古堡，想當然耳沒什麼事可做，無聊的我們便吆喝著去玩撞球。我這傻瓜於是又鬧了笑話：什麼不好打，竟然一上場就自作聰明的把主角白球給一桿打進袋裡，而且還誤以爲自己本事大，沾沾自喜地兩手叉腰，哈哈一笑。

朋友將白球從袋裡撈出來，啼笑皆非的對我說：

「小姐，這球落袋了，大家還玩什麼啊？」

次日早晨，用完早膳之後，男女主人一稟初衷，優雅多禮的在門口替我們送行，古堡裡那三隻守護安全的褐色短毛大型犬，也乖巧的隨侍在一旁，體格壯碩的牠們，與莊園氛圍眞是相得益彰。

其實，這一泊二食的古堡民宿之旅，以一人一百六十歐元（兩人一室）的價位看來，如果能將「食」的標準放寬些，還是不失爲一趟美好且有趣的旅程啊。

「驚」「喜」巴黎行

問我為什麼如此喜愛巴黎？想來，是悅目的事物太多了。不僅僅只是法國女人優雅好看，巴黎的小朋友也屢屢吸引我的目光呢。

每回去巴黎，我總習慣找長住當地的華人朋友當嚮導。他們深入法國人文精髓，知道哪裡好玩、哪裡好吃、哪裡不會人潮洶湧。最棒的是，完全沒有語言隔閡，玩起來既放心又盡興。

二○一四年的十月，女兒邀請我到巴黎一遊。選擇這個我甚爲喜愛的城市，足見女兒誠意滿滿。出發前我便已略聞她的安排：除了散步逛街壓馬路，她還特意買了歌劇院的票，要帶這個向來喜歡沾染藝術氣息的老媽看個過癮！

我們的巴黎友人孫先生，熱心的上網找了間口碑甚佳的餐廳「Restaurant David Toutain」。雖不若米其林三星的菜餚細緻，但更好吃。最貴的價格只要六十八塊歐元。圓圓的容器，兩個麵包置中如蛋，周邊還鋪了枯草，全然是鳥巢的情境，非常詩意。有一盤主餐前的小食，做成兩根木頭，也是放在枯草上，實在太美了！比照米其林三星餐廳，每道菜侍者都會上前解釋，擺盤之美，不在話下。現場很多大老

Restaurant David Toutain的餐點擺盤精緻，每道菜都令人讚嘆，美味程度也不遜於米其林三星餐廳。

闆模樣的人，言行舉止都像在跟自己說：「趕快吃，吃完趕快回去辦公。」最好玩的是，一頓午餐全吃完已經快三點了，主廚剛好在門口跟人講話。我問可否與之拍照，他立刻同意；我又問，合照可以讓我放進書裡嗎？他也欣然應允。在大多數視自己如明星、被世界各地粉絲們簇擁的法國三星主廚中，這位名廚，真的是最平易近人的。

近年來去巴黎，漸漸偏好上中價位的小餐館吃飯，比如我這次吃的燉牛肉，二十五歐元，好吃得不得了。小館子的菜餚都很特別，通常他們會將每天不同的菜餚用粉筆寫在一個小黑板上，二十多歐元就吃得很好，還有甜點、咖啡，是一套完整的午餐。

我很喜歡買法國紅蘿蔔與白蘿蔔來啃，所以朋友都說我是兔子。他們的蘿蔔沒有土腥味，洗洗就可以吃了。個頭細細的，很苗條，就像法國女人一樣。其實法

平易近人的主廚David Toutain。

國女人什麼都吃，紅酒白酒都喝，但她們就是不胖。何況她們還喝下午茶，時不時大啖起司。秘訣似乎是：她們雖然什麼都吃，但都只吃一點點。我們去任何餐廳，帶著小孩的母親個個一派優雅，從未見有任何孩子滿場亂跑或媽媽大聲喝斥的景象。

所謂教養，法國人眞的是從小做起！

問我爲什麼如此喜愛巴黎？想來，是悅目的事物太多了。不僅僅只是法國女人優雅好看，巴黎的小朋友也屢屢吸引我的目光呢。服裝與價格無關，就算是廉價品，他們也能穿出質感與個人特色。崇尚自由，顏色也沒有界限。走在街上，就能感受到自由的空氣。

不過，巴黎的小偷也愈來愈聰明。上本書我才提過之前與女兒娃娃在戴高樂機場外的驚魂，歹徒破窗伸手進我們乘坐的車子搶劫，還好他沒搶到什麼，但母女倆受了很大的驚嚇。未料這一回，我們又被盯上了。

那天，朋友孫先生開車載我們去巴黎的歌劇院。路上塞車，抵達時已近開演時間。一進劇院大廳，只見人人盛裝而來，男士西裝筆挺，女士們則是小禮服或長禮服，外加皮草……衣香鬢影、襯著雕梁畫棟，益顯美麗。樓梯兩側都擺滿了花。那種華麗古典的氛圍讓我一下又犯了觀光客的癮，拿了相機這拍那拍，活似劉姥姥進大觀園。正興奮著，女兒急急揚著手上的票來找我，她驚惶的說：

↓巴黎新歌劇院裡令我感動落淚的精采演出。

←拜跑錯劇院之賜，讓我得以一睹巴黎舊歌劇院華麗古典的氛圍。

「完了！我們跑錯劇院了。」

會搞出這麼大的烏龍，是因爲現在巴黎有兩家歌劇院。其中剛整修完成的是舊歌劇院，也是我一直想去朝聖的。女兒訂票的時候，以爲訂的是舊劇院，殊不知竟是訂了新的。到巴黎這兩天玩得不亦樂乎，壓根兒沒想過要去查核一下戲票。

這可糗大了！女兒當初爲示孝心，買的可是很貴的票。現在距離開演只剩十分鐘，怎麼辦啊！

沒時間耽擱了，我馬上打給孫先生。還好他的車還沒開遠，電話那頭還很貼心的要我們別慌，他這就趕回來。

好一陣折騰之後，我們終於到了正確的地點，可是上半場表演已經開始，只能在表演廳外等中場休息。

以爲必定大受影響的心情，竟然奇蹟

似的，在看了下半場的歌劇之後，獲得了完整的療癒！雖然聽不懂，但我竟然感動得掉了淚！聲音中的情感，跨越了語言的隔閡，傳達到我心深處。

看完表演，孫先生又來接我們。在回程中他才說，他今晚被巴黎的小偷給設計了！

回想起來，就在我們趕往新歌劇院的途中，突然旁邊有輛計程車跟我們示意，說：「你的輪胎被刺破啦！」孫先生一聽大驚，在將我們送抵新歌劇院後，他趕忙停下來檢查。因爲心急，他將外套掛在駕駛座的椅背上，手機、皮夾也都在車內。結果，就這麼一瞬間，全被偷了！

後來他細想，分析了前因後果，才弄通整起騙局。竟連計程車司機也是同夥。人家爲了載我們，無端惹上這不愉快的事，我心裡眞是過意不去。於是假藉要幫朋友買手機的名義，買了新手機，然後包成禮物送給他，誠誠懇懇的說了我的歉意與彌補之心。

推辭再三，孫先生還是拗不過我的堅持，收下了。這讓我好過很多。託了朋友的福，我的旅程才能在小小的驚險中化險爲夷，卻爲朋友帶來了一些始料未及的損失。這無心之過，說什麼都得彌補的啊！

充滿矛盾與衝突的城市

這個我去過五遍的城市，論浪漫，輸巴黎一大截；論親切禮貌，遠遠及不上東京。

倫敦啊，我該拿你怎麼辦才好呢？

到目前爲止，在世界各地尋幽訪勝，倫敦於我，始終是一個「目的性」的城市。

此話怎講？

要不就是爲去其他地方而必須藉由它當轉運站；要不就純粹爲了看音樂劇；再或者，一件如「倫敦眼」這樣的地標建築落成，朋友吆喝著得去看一看……

總之，我很少爲了這英國首都的某處風景而啓程，更不會受某間餐廳某道美食召喚……我必須很老實的說，這些總會誘使我踏上旅途的原因，在我眼中的倫敦，並不存在。

講得再白一點，我覺得——倫敦不好玩！這個我去過五遍的城市，論浪漫，輸巴黎一大截；論親切禮貌，遠遠及不上東京。吃東西，金額高得嚇人，並且沒有相應的品質。

比如二〇一三年七月時，爲了所乘的郵輪要在英國登船，我們一行五人索性先在倫敦待個四、五日，一方面可以欣賞歌舞劇《媽媽咪呀！》；一方面讓沒到過倫敦的朋友們，有充裕時間到處走走看看。殊不知荷包大失算，這在倫敦盤桓的四、五天，光是吃飯，就花掉我們一大筆錢。每一餐，從未少於好幾千台幣！

問題是，我們吃的又並非什麼了不得的

美味珍饈。有好幾次還因爲怕點套餐會太貴，只能充其量點個主餐。像有一天，我很想吃吃多年未嚐的鴿子，於是到了一家百年老店。怕貴，除了一隻小母雞大小的鴿子外，其他我只敢再點一道湯、一道附菜。結果一結帳，金額竟與東京、紐約的頂級餐廳一樣高貴，問題是：從餐點到服務都沒那個價值。尤其服務，無論態度、聲音，感覺不到半點溫度，端的就是一個不痛不癢的照章行事。我們一面掏錢一面在心裡嘀咕：「如果花同樣的錢，不管在紐約、巴黎或東京，一定都能吃到更好、更物超所值的美食！」

至於「倫敦眼」，票價是有「附加價值」的。因爲這個倫敦地標總是大排長龍，所以英國人就想了個用錢買時間的方法，一般排兩、三個小時是常事，可是如果你願意多付錢（約台幣一千多），那麼大概十幾二十分鐘你就可以上去了。一間艙室可以搭載幾十個人，以十分緩慢的速度繞行一圈，約莫半小時。由高處俯瞰倫敦，包括大笨鐘、國會、泰晤士河，美景一覽無遺。

倫敦的郊外很有氣氛，莎士比亞故居、李士堡……相較於這城市其他種種讓人不敢恭維之處，感嘆之餘，你只能說，英國無論如何還是一個適宜展現古意的國度啊。

如果想要購物，科芬園是十分不錯的選擇。那裡是街頭藝人、藝術家的集中地，有餐廳，也有個性小店。那回我去，在一家位於二樓的餐廳用餐，一個女生在樓下庭院裡唱起歌劇《孤雛淚》。聲音不錯，台風也很穩健；只可惜她的衣著與表演完全不搭軋。她穿了一件窄裙，上面配一件尋常T恤。穿這樣唱著歌劇，我以爲是，過於隨便了。

此外，我還在其中一間飾品店看上一副銀耳環，極簡的大圈圈，特別的是耳後的部分並沒有另外再加一個環扣，而是直接將愈收愈細的尾端插入圈圈裡。我非常喜歡，本來打算買三副，自用之餘還能送人。當時店裡只剩下一副，店家表示，因是純手工打造，其他兩副得等數天。

我反正要去坐郵輪，十餘天後會重返倫敦，於是就再訂了兩副。我們純粹只是口頭約定，我也沒付任何訂金。

後來等我從郵輪之旅回來，又去了那家小店。藝術家眞的如約做好了另兩副耳環，我開心付了錢，心下覺得眞是一次愉快的購物經驗。

林林總總，不一而足，我眼中的倫敦，如此這般，充滿著矛盾的衝突！

在布拉格細品幸福

如今想來，那悠悠兩小時，約莫是我記憶中最美的布拉格。

不知你是否曾有這樣的經驗，對一座城市的印象抑或記憶，有時會因爲一部電影而重新喚起。

我對布拉格便如是。

近日看了一部西洋愛情片——《寂寞拍賣師》。主角是一位叱吒拍賣界的首席拍賣官，他年約六十出頭，有錢有權有地位，住豪宅，出入高級餐廳享頂級服務。然而這樣的他卻從來不識男女情愛，私人感情世界一貧如洗。

除了寂寞還是寂寞。工作中不可一世的拍賣官，卻是現實生活的無能者！豪宅中一間密室，掛滿多年來從拍賣會上以不法手段收購的名畫——全是女人肖像。

這是拍賣官最大的秘密：牆上每個女人，都有他對於愛慾的渴求、移情與投射；當他獨坐於房間正中，環視滿室軟玉溫香，極盡可憐也極盡諷刺的是：沒有半個眞人可以與他相知相擁！

如此寂寞的身心，就算在拍賣場上怎麼機關算盡，一旦涉足愛情世界，遇上特意爲他設計的女色陷阱，怎可能逃脫得了？

於是，他一步步踏入情慾的圈套……心甘情願、心蕩神馳的付出一切！

當他帶著滿心甜蜜，暫時離開情人到倫敦出差，殊不知家中已是人去樓空；更可怕的是，那些價值連城的名畫，一幅也不留的全被搬了個精光！

被搾乾所有的拍賣師，歷經財富浩劫、精神崩毀、住院治療……最後，他選擇相信——相信他此生唯一深愛的女人必有回頭的一天，所以他天天去一家咖啡館等，只因那裡是她提過極喜愛的地點。電影結尾，但見那寂寞滄桑的男人，坐在全是時鐘裝潢的店中，用那悲涼受創的面容，等待著不可能出現的人……

那家咖啡館，在故事的設定裡，就在布拉格。

事實上，我對布拉格的記憶，不全然是好的。

布拉格最有名的特產是琉璃與水晶。我曾在初次造訪的第一天，看中一只鮮黃與鮮藍配色的琉璃大盤，心想等旅程尾聲再買不遲。沒想到如意算盤打錯了，待我要離城時，本來中意的盤子已經被別人買走，我不得已只好買了藍白色。心中的第一名向隅，很是悵然若失。

布拉格當初剛開放觀光時，物價並不高。我買了幾十支的水晶紅酒杯，刷卡付了錢，自己帶走半打，另外一打請當地店家寄來台灣。然而後來的結局竟然是我望穿秋水，卻始終沒等到我的水晶杯！這幾年講起此事，大家莫不嘖嘖稱奇，都說難

以置信。

作家卡夫卡的故居就在布拉格，我也不免俗的去看了。小小的一棟房，但老實說，我沒有太大的感覺。

有間開設在歌劇院中的餐廳，很美、很有氣氛，提供季節性的料理。但我以爲，價格與菜餚品質並沒有成正比。不是說東西不好吃，而是以其高貴的價格與劇院裝潢，理應配襯更好的美食爲是。

我也曾在一家位於教堂前的小咖啡館閒坐良久，欣賞過往行人，細品自己的幸福。如今想來，那悠悠兩小時，約莫是我記憶中最美的布拉格；而且，我沒在等人。我的現實生活，愛人也被愛，我不是寂寞的拍賣師，我只是幸福而平凡的我！

Part 2——

非洲·豐盛精采

二度非洲行，出發！

如果明知山有虎，偏向虎山行；我區區一個小女子，哪裡賠得起呢？

早在二〇一四年初，我便開始爲同年八月的非洲行籌備，一面呼朋引伴，一面找合適的旅行社。

聽聞此事的朋友無不充滿疑惑的問：

「非洲？妳不是去過了？那麼遙遠落後的地方有什麼好玩啊？值得妳風塵僕僕的去第二遍？」

我笑了，開始解釋：我是去過非洲沒錯；然而那已是八年前的事了。八年！即

便是文明都市，尚且不知有如何巨幅的變遷，何況是日日物競天擇的非洲大地？

朋友們於是接著說，都怪我上本書《出走》，用了那麼多篇幅書寫非洲，且篇篇活靈活現，從斑馬、紅鶴寫到熱氣球；從馬賽族寫到英國女王。直覺非洲種種都被我寫遍了，而且……哪裡看得出說的是八年前的事呢？

老實說，不是我寫得好，實在是非洲大地太精采！也正因如此，我更不能不趁著自己還玩得動的時候，再去一趟，感受這世界最原始、最炙熱的生命力！

然而，好事多磨。此行前，先是西非爆發了可怕的伊波拉病毒；再來，世界各地「機瘟」頻傳，且就在我們預訂出發日的前不久，澎湖發生空難……哀悼、心傷之際，我對於這一趟的非洲行，愈來愈裹足不前。我所招兵買馬的八人，有親人、有好友。如果明知山有虎，偏向虎山行；我區區一個小女子，哪裡賠得起呢？

出發前幾天的某個晚上，我輾轉反側，怎樣也睡不著。耐不住焦慮，顧不得是半夜，打給導遊，劈頭便問：

「對不起，如果現在退團，我們可以拿回多少旅費？」

「現在？」導遊一聽，惺忪的睡意全給嚇沒了！「馬上就要出發了，當然一毛也不能退啊！」

唉！箭在弦上，不得不發。我們這群虔誠的教友，只能靠著信仰給自己力量。去就去吧，如果真有危險，老天一定會先給我們警示的。

於是，忐忑中帶著期待，我們如期出發了。

一路，平安順利。

當我們結束旅程，我拖著疲憊的身軀回到家中，我的心，滿得要溢出來！這一趟非洲之旅，其豐盛精采，遠遠超過了八年前的初行。那片廣闊無垠的非洲大地，以絕妙絕美之姿，展現在我們這群來自文明的凡夫俗子面前。

於我，更大的撫慰是：我向自己證明了，無畏於年紀，原來我仍然可以旅行！本來因為同年三月一趟北極行，幾乎半程以上都在生病，致使許多景點只能眼睜睜的看著別人賞玩。這讓我對自己的體能信心全失，很是沮喪，心想以後恐怕再也無法長程旅行，豈不哀哉！殊不知顛簸的非洲之旅，我是如此活蹦亂跳，也對非洲晝夜極大的溫差適應良好。自非洲返國，我的信心大增。愛玩如我，只要還能動、還能旅行，人生就是彩色的！

我們究竟在非洲看到了什麼？感受到了什麼？且容我在其後的篇幅，娓娓向您道來。

動物領地暫借住

我才剛從浴室出來，抬眼便見三隻碩壯的狒狒，正在偷取桌上的水果！

進入非洲大地，我們這群旅人，便是全然的外來者；在動物的世界裡，謙卑且謹慎的求取一個短暫而安全的停留。

日日夜夜，無論是乘著四輪驅動車出去追訪獸跡，抑或是在夜幕降臨前返回住宿地點，我們無時無刻不被野生動物包圍著。姑且先不說白日裡那刻意的尋索，光是在不同的投宿處，一次次出其不意的相遇，有時驚嚇、有時感動，也有時是一種……忐忑的等待。

抵達非洲之後的首夜，我們住在一處villa。次日一早，我起床進浴室刷牙，只不過幾分鐘而已，小客廳裡竟已闖進了不速之客……

我才剛從浴室出來，抬眼便見三隻碩壯的狒狒，正在偷取桌上的水果！

我向來最不喜猴類，尤其畏懼狒狒。本來以爲住在villa很安全，壓根沒想過動物還能登堂入室！這一驚非同小可！我怔了一秒，立刻大叫！想來眞的是受了驚

隱身在自然環境之間的樹屋，除了不破壞環境，也兼顧了旅人的安全。

嚇，嗓門全開，聲音大到讓那些狒狒也嚇到了，牠們拔腿就跑。又大概因爲檸檬太酸，咬了一口便棄置在半路。

下一分鐘的景象是：我站在客廳，驚魂甫定；外面不遠處的圍牆上，好幾隻狒狒蹲踞著，排成一排，全盯著我瞧！我與狒狒，狒狒與我，便這樣互盯著，恍若時空停格。

下一秒，我飛也似的把所有門窗都關上了！

可怕吧？

另有幾夜，我們住的是樹屋。這些樹屋有的直接架設在粗大的枝枒間，有的則是倚靠著樹幹，傍樹而築，所以高低錯落，但大抵均建在至少三公尺高、一個不受動物侵擾的安全高度。

講氣氛，無疑滿點。你想想，如果

為因應自然環境，樹屋經常呈現出有趣的樣貌。

不是因爲人在非洲，一生有多少可能，會住在一間……當你拾階而上，身處陽台地板後，必須回身將地板上的門洞關起，以防止動物入侵的樹屋呢！

而更精采的是，我們的樹屋所在地，其實是象群的領域。

某天晚上，當我們在主樹屋的lobby用完晚膳，要回各自的樹屋休息。走著走著，最前面的當地領路人突然止步，回頭對我們低語：

「閃邊！」

原來，在我們這群城市鄉巴佬完全無知無覺之際，領路人早已注意到遠遠的地方，有大象！在象群的領地裡「借住」，因爲安全的考量，也爲了表示對主人的尊重，我們當然應該謙遜，應該讓路，切不可正面衝突。

於是，繞了老大一圈，避開大象，這才回到了自己的樹屋。

我的朋友非常幸運，她住的樹屋較我的低些。她坐在客廳，客廳外有個小小的陽台。她說，一隻象就站在陽台邊，一動也不動，她感覺象盯著她瞧。她說：

「眞的近到……我連牠的睫毛都可以一根根數出來！」

羨煞我也！

只宜遠觀、不宜驚擾的象群。

朋友得天獨厚的「面面象覷」令人豔羨，然而我的夜半經歷，也是說出來難以取信。我千眞萬確的在昏寐的半夜裡，聽到有大象靠近我的樹屋，我清楚聽見了牠濁重的呼吸。因爲害怕牠頂壞樹屋，我睡得甚是惴惴不安。

可惱的是，次日說起，沒人信我，居然都說我在作夢啊！

文明旅人的大考驗

非洲大地，原始荒僻，對我們女生來說，如廁自然成了最大問題。

非洲旅行，絕對是對旅人體能的極大考驗。

首先，是晝夜劇烈的溫差。清晨與夜晚，冷到得穿羽毛衣。白天，卻又高溫蒸騰，烈日直射髮膚。連我這自恃有經驗的，都小看了非洲的烈陽，自以爲擦了防晒戴了手套，應該是萬無一失了，結果還是狠狠被晒黑，手背的皮膚足足養了一個月才白回來。

晚上，因爲太冷，被窩裡都被預先放入了鐵皮製、外覆以布套的熱水袋。即便如此，每每鑽進床榻之際還是冷得打哆嗦；尤其住在帳篷裡時，更是確切的寒涼。

而全球氣候的劇烈變遷，就連非洲大地的雨也受到了影響。此次我們造訪的時節，應該是旱季，卻仍然有雨；而且是不容小覷的大雨。我的感受是：與其說是「下」雨，倒不如說老天在「倒」雨還更爲貼切！暴雨傾瀉，瞬時又說停就停，立刻放晴。就在某天的暴雨過後，我見到了這輩子所看過最美的彩虹。

此生第一次，霓與虹同時在我眼前出現。它們形成雙彩虹，橫跨在非洲原野的地平線上，美得令人感恩、美得令人屏息！

因爲範圍太大，相機的觀景窗幾乎無法看到全貌。除非退到遠處，然而太遠又會看不清楚。

多年的旅遊經驗裡，我始終以爲在尼加拉大瀑布上看到的彩虹是最美的。當時有壯闊的水氣相襯，氤氳迷茫中更顯虹橋的浪漫。但人生難以預料的驚喜實在太多了，我怎麼想得到：多年後，在荒僻的非洲草原，能有幸見到更勝北美奇景的東非霓虹呢！

我買了一條馬賽人常披裹在肩上的那種大紅披肩，美金十塊。原意只是爲了禦寒，買了以後才發現它的用途還眞不少：全棉的質料，厚實又擋風、保暖；有時甚至可當毯子。最意外的收穫是當門簾，遮羞用。

非洲大地，原始荒僻，對我們女生來說，如廁自然成了最大問題。有了紅披肩之後，有天我靈機一動，跟友人說：「來，一人拉一邊，面向外面。」立時成了最好的遮蔽物。每當我們有人要小解，先是當地備有武裝的嚮導會去草叢附近探查一番，以免有野獸躲藏。確定安全了，女生們就在我的紅披肩的遮掩下，解決內急。

只是，要這些文明嬌客，蹲在野生動物環伺的大地上，毫無顧忌的放懷解放，還眞不是件易事呢！每個人一開始幾乎都是在披肩那頭，爲難的說：

「唉喲，尿不出來啊！」

橫跨在非洲原野的地平線上，我此生所見最美的彩虹。

顛簸的路途也是考驗。每天坐在四輪驅動車裡，爲了帶我們爭睹動物，開車的當地嚮導藝高人膽大，總是一聽無線電對講機說有什麼好景，便卯足了勁追。常常我們在車裡隨著路況東倒西歪，不抓緊的話，很容易便會弄得鼻青臉腫。

有一天，行經一處大窟窿，一個老大的顛簸，我從座位上被彈了起來，硬生生摔在朋友身上！痛當然是痛的，但還好我與朋友都沒受什麼傷。揉揉撞到的地方，爬起來重新歸位。朋友說，還好座位上沒什麼尖角或鐵桿鋼條一類的危險物件，也沒有扶手，不然我少說肋骨也得弄斷好幾根。

飯後不能刷牙，則是另一件

搭乘四輪驅動車在顛簸的路上奔馳，也是非洲旅行的一大考驗。

必須強迫自己適應的不便。此事與「隨地尿尿」，算是旅人們在非洲大地上，不學會便難以融入、享受旅行的「雖微小卻茲事體大」的關鍵。

快樂旅行，我的鞋也影響深遠。大夥兒多半穿著球鞋趴趴走，唯獨我穿了一雙平底的短皮靴。因爲非洲到處是沙土，就連關緊的行李箱裡都能進沙，所以只有我的腳能保持乾淨清爽。腳舒服了，身體自然也跟著輕鬆。

這一趟非洲回來，我感恩，我竊喜，我爲自己還能無視於被高度文明嬌養慣了的身體，大膽出走、放眼世界，而再次惜福謝天。

T234 BKH

親眼目睹物競天擇的戲碼

眼前的萬獸之王，翻轉肚腹，如一隻大貓般在草上蹭著膩著。

你知道花豹跟獵豹怎麼分嗎？

我承認，此刻寫著這句話的自己，是有難掩的驕傲的。因爲，我不是邊看著螢幕上Discovery的畫面邊向你提問；我是甫自眞實的非洲大地歸來，用親眼見識的知識，問著讀者們。

未去非洲之前，我也不知道：這兩種體型、姿態，乃至習性幾乎都極爲近似的野生動物，有兩處明顯的區別。

一是毛皮的花紋：花豹身上的圓圈是空心的；也就是圈圈中間有洞。獵豹的圈圈是滿的、實心的。

再來是「眼線」，也有人稱之爲「法令紋」。這個深具野性象徵的特色，則爲獵豹專屬。

一望無際的東非原野，物競天擇的戲碼日日在眼前搬演。有天，我們的四輪驅動車停在一具骨肉敞裂的牛羚屍首旁，因爲太近，朋友冷不防被一陣濃烈的血腥味

正在大快朵頤獵物的公獅，血淋淋的氣勢令人生畏。

衝入鼻腔，嗆得她直嚷：

「好腥！好腥！」

我什麼也聞不到，本來只爲了防晒而戴著不脫的大口罩，意料之外的替我阻隔了殘忍的氣味。

不是有照片爲證，你恐怕也很難想像，相距僅咫尺，一隻正在大塊朵頤的公獅，大口大口撕嚼著鮮肉，那野蠻且血淋淋的氣勢，讓人望而生畏。

吃飽的公獅，就在草叢中四腳朝天的打盹兒休息著。在車裡的我們，當然不能放過這大好機會，快門按個不停。看著觀景窗裡的畫面，連我們自己都深覺不可思議……眼前的萬獸之王，翻轉肚腹，如一隻大貓般在草上蹭著膩著。而且，不是被關在動物園的柵欄裡；牠是在最原始的領地上。

獅子的社會，嚴守階級制度。母獅負責打獵，公獅則職司守衛。捕獲獵物，一定是爲首的公獅先吃，然後才是其他幼獅、母獅們依序進食。有天我們還萬分難得的遇上了三隻疑似「流浪」的公獅。

先是見到一隻施施然的往前行，沒多久又看見第二隻，妙的是兩隻都腆個鼓鼓的大肚皮，顯然已經吃飽了。車往牠們的來處開，只見第三隻公獅正埋首在獵物的肚腹間大快朵頤。我猜想這三隻被群體驅逐的流浪獅必定合作獵食，爾後再依階級決定吃飯的順序。排最後的那個，當然地位最低啦！

難得一見的獅子交配鏡頭，還真是「稍縱即逝」啊！

公獅的獨占性強大，一個獅群如果本來爲首的那隻被打敗，牠的後代會被「篡位者」咬死，只因新獅王要留下的是自己的基因。說到此，敝人我還因爲不識野獸習性，在轉眼之間錯失了「偷窺」良機。

那天，才剛見一隻公獅趴上母獅的背，我好整以暇的等待，還來不及調好焦距呢，就聽到大夥說：「看完囉，要走囉！」

「蛤？」我一愣，「沒啦？」

一心以爲有好戲看的我，殊不知，獅子交配時間只有短短三秒！每隔十幾分鐘就做一次，發情期也只有兩到三天。

這眞的出乎我這凡夫俗子的預料。想不到強壯如斯、貴爲萬獸之王的魚水之歡，竟是如此的「稍縱即逝」啊！

獵捕鏡頭，精采上演！

大自然真的無時不在履踐環保。我在非洲、在原野上，從不見半塊肉被浪費。

「欸，一定又有什麼精采的了！」

我用手肘頂頂坐在身邊的朋友，朝那位正用馬賽土語嘰哩呱啦講著無線對講機的司機努努嘴，瞧那興奮的態勢，百分之百又是「好康道相報」啦！

果不其然，司機放下對講機，說了句：

「各位，坐穩囉！」

我們的四輪驅動車，便如脫韁野馬般，彈射了出去。

每每遇到這樣的情況，當我們這兩台車趕抵現場，同時間通常有七、八部車也已聞訊前來。大家當然都爲了一睹只有非洲大地才能見到的難能景象，在車裡既興奮又略感緊張的期待著。

我們見到一隻成年獵豹，慢條斯理的緩步前行，姿態極之優雅。接著，牠壓低身形，匍匐前行……眾人正爲牠迷人的孤傲風采而傾倒……倏忽，牠卻一躍而起，

親眼目睹獵豹從尋找獵物、發動攻勢到捕獲小鹿跑走的過程，所有人都興奮極了！

就像一支脫弦的箭，朝前方飛出！

牠的目標，似是遠處那隻尚不知大難臨頭的母鹿啊。

我們還來不及屏息呢，突然間，一隻懵懂的小鹿，莽莽撞撞不知打哪兒竄了出來！唉呀這可慘，對獵豹來說，焉有放棄嘴邊肉的道理？果然牠輕鬆咬住小鹿咽喉，一溜煙跑了。

我們這一車的人，唏噓扼腕，司機卻又語氣興奮的說：

「我們去追！」

分秒不得遲延，爲了追豹，他方向盤一扭，便將四輪驅動車開離了規定的道路，轉上了沒有車轍痕跡的草地。

這可是違反當地法令的。但當下大家的情緒都太激動，根本沒注意到車子開進了不該開進的領域。

我們尾隨著獵豹的奔騰，感嘆著小鹿的絕命。司機嚮導說，那樣一隻小鹿，不夠豹子吃飽，只夠牠塞牙縫。不過，撲殺一隻自己送上門的弱小，簡直就是探囊取物。如果今天獵豹得照「原訂計畫」將母鹿當正餐，牠可得耗去大半的體力與時間。成鹿跑得超快，逃命時更甚。獵豹雖然爆發力十足，但極速奔跑會令牠體溫快速上升，若跑得太久，牠的身體將無法負荷。所以眼下這番局面，吃得少些，卻保留了體力。

大自然眞的無時不在履踐環保。我在非洲、在原野上，從不見半塊肉被浪費。每每地面上的四足猛獸吃完牠們要的，禿鷹旋即接手，清個乾乾淨淨！

這恐怕也是文明世界裡，豐衣足食卻總不自覺在浪費的我們，該好好向大自然學習的吧。

我們的大動作，被躲在一旁的警察發現了。違規的代價是：兩台車，共罰款兩百五十塊美金。

不過，能親眼見到那一輩子不太可能再見第二次的景象，我們仍不禁慶幸自己的幸運！

禿鷹等著接手猛獸吃過的動物屍體，半塊肉都不浪費。

爲求生存，只能殘忍

說來似乎殘忍，但這就是非洲大地——一個實踐「物競天擇」最為徹底、沒得商量的地方。

非洲大地上，險象環生，生命自是脆弱的。然而，也正因活著不易，更加突顯了生命的堅韌。

不是只有人類如此，野生動物們爲了求存，一樣得使出渾身解數，掙一口肉吃，得一口水喝。在坦尙尼亞，旱季來臨時，獅子就直接等在水窪或水塘旁，守株待兔的方式，讓前去喝水的動物們幾乎等於送死。

喝不到水，一樣活不成。

所以只能冒死一搏！

就算是身居食物鏈頂端的獅子，實在沒辦法了，也得群體合作，獵殺體型巨大的非洲象。象皮既厚又粗，難以下口。所以據悉獅子們都是攻擊象鼻，那是象的罩門，一失守就玩完了！

獵豹爲了讓自己的小孩有能力獨自生活，有時會捉一隻小鹿給小豹「玩」。初

時或許不見殺機，小豹畢竟年幼……然而玩著玩著，野性的本能逐漸顯露，撲殺的技巧於焉建立。

說來似乎殘忍，但這就是非洲大地——一個實踐「物競天擇」最爲徹底、沒得商量的地方。

事實上，即便像獵豹這樣牙利體健、疾如風又凶狠孤傲的猛獸，當牠們捕獲了獵物，如果不馬上吃，還是得先拖上樹「儲存」著。若任其置之地面，很快就會被長相醜怪，總以狡詐殘暴聞名的鬣狗搶了去。

我們在非洲，曾經連續兩日看到同一株大樹上，搭掛著一隻已經氣絕的小斑馬。

第一天，枝葉掩映間，獨見小斑馬那了無生意的四肢，在樹的枝幹上垂掛著，兀自散放著死亡的氣息。

次日，樹上多了一隻獵豹，隔著一段距離，看守著牠的食物。那樣的畫面委實難得，大夥紛紛舉起相機，就怕錯失了什麼，

獵豹將吃不完的獵物拖上樹「儲存」，並親自看守的畫面，教人難忘。

但距離眞的有點太遠，遑論還有樹葉的遮擋。司機嚮導看看我們，促狹的說：

「我來犯法一下！」一溜煙就轉出了該走的車道。

他只是開近那棵樹，讓我們可以拍得清楚；達成目的後，旋即離開。在警察還沒發現我們違規之前，又回到了車道上。

看到、拍到猛獸與牠的獵物共處一樹，是難能的天賜。但也有那種……一心以爲一定看得到，信誓旦旦的帶了朋友到了現場，卻是今非昔比的場面！

九年前的非洲行，無法計數的紅鶴如環湖緞帶那般，讓我驚豔又感動！所以這次帶著這群從未到過非洲的親友們再訪，紅鶴的震撼便是我最想重現的經驗。

然而當我們巴巴的到了湖邊……

沒有紅鶴！

怎麼會這樣？

本來，紅鶴最紅處，乃翅膀展開時，腋下露出的正紅色；身體其他部分則是粉紅的。每年牠們飛來湖邊，就爲了吃湖中生長的一種藻類，吃了身體便會變紅。然而今年非洲大雨，湖水暴漲，紅鶴們吃不到這種藻，只得遷往他處。

原來如此！

數以百萬計的候鳥，爲了生存，不也是在物競天擇的章法下，謀取能夠平安展翅的一方天地嗎？

馬賽族女性的笑與淚

這群孩子，分別是十個媽媽所生。而他們的爸爸，全是同一人。

在東非，對馬賽族人而言，白花花的銀兩遠不及牛隻來得吸引人。牛，就是財富；牛，就是地位。

二十頭牛，娶一個老婆。

馬賽人住得極為簡陋。泥土蓋築的房舍，家無長物。我們去參觀他們的村子，走進其中一間泥土屋；只見房內就一張大床，一堆小孩兒全擠睡在那張床上。

這群孩子，分別是十個媽媽所生。而他們的爸爸，全是同一人。

這位現年八十四歲的馬賽男子，聽說擁有五百頭牛，足見是個有錢人。娶了十任太太，女人們住在一起，連吃飯也是每個人都煮，然後大家分食。

女人在馬賽族裡地位卑微，甚且沒有性自主權。在馬賽，施行女性的「割禮」，早已是一項傳統。極之殘忍與鄙視的割禮，說穿了就是在嬰兒時期，將女性的陰蒂割除，讓她們此生無法享受性的歡愉，只能淪為男人洩慾與為其生養下一代的工具。

馬賽族人雖然住得簡陋，但個性樂觀直率，自製的工藝品繽紛多彩，都令人打心裡喜歡。

非洲原始部落衛生條件堪慮，正因如此，施行割禮之後的女嬰，極易感染，造成死亡。

當我們聽聞他們所謂的「行房」，心中湧起的，是一種無法置喙的感慨！

當一家之主有慾望時，他會在女人們睡覺處（事實上，太太們就睡在孩子們的旁邊），透過欄杆上的小洞，做個記號，當晚就跟他選中的太太做愛。

這讓我不由得想到原野上的獅子！

約莫正是對馬賽女人的悲憫，當我們在村落裡時，我幾次三番想要拍下母親與襁褓中嬰兒的照片……有位馬賽母親，背上背著一個黑眼珠滴溜轉的小嬰兒，那感覺甚是動人。然而每當我舉起相機，小嬰兒的頭便低下，將臉埋進母親背後，以致我始終拍不到心中理想的母子合影。

而馬賽人天性樂觀，大人小孩無人對照相羞赧，每拍一張照片，大家都饒有興味的擠過來看，看了相機中的畫面又笑個沒完。直率的性情與舉止，讓我們這些戴慣了面具、穿慣了防護盔甲的文明人，眞是打心裡喜歡。

此番與我同行的小女兒，在販售馬賽人自製工藝品的攤位上，爲我買了條項鍊。十足當地風采：繽紛的小彩珠，一顆顆的縫在一圈不知是什麼動物的皮革上。下面垂綴著小珠珠，底端再綴之以銀色三角形的小鐵片。非常特別，非常非洲，非常容易讓人想起那些馬賽母親，在東非豔陽下的笑與淚！

攸關生命存續的壯烈奮鬥

無以數計的牛羚，擠滿了懸崖，我們屏息以待……

從前的我，對於動物大遷徙的認知十分淺薄，總以為所謂「逐水草而居」，不過就是動物們隨季節更迭，繞著圈圈在移動；這裡的草吃完了，再往下一處去……那畫面很安靜、很平和，如此而已。

其實我錯得離譜。

真正的動物大遷徙，是千軍萬馬的、是驚心動魄的、是為了求存而必須付出生命代價的！古時將軍帶兵，「破釜沉舟」以斷退路、以示決心。對非洲大草原上的野生動物來說，大自然的殘酷正如已然無用的釜與舟。動物們是以團體行動在大躍進，跟著「領頭羊」走。牠們知道，不前進，唯死路一條！生命的進程，隨時都在「蓄勢待發」。

那一天，我們乘坐的四輪驅動車，因為受限於當地法律規定，停在一定距離之外；對岸的懸崖上，一場攸關生命存續的壯烈奮鬥，正要展開……

無以數計的牛羚，擠滿了懸崖，我們屏息以待……因為，只要第一隻牛羚沒

千軍萬馬、無以數計的牛羚，在「領頭羊」的帶領下，即將展開一場攸關生命存續的壯烈奮鬥。

牛羚們必須冒著生命危險，躍下懸崖、涉水過河，若無法通過考驗，就只有死路一條。

有跳，後面的大軍就不會跟進。而當地的律法規定，在第一隻動物尚未躍下之前，遊客們是不能接近河岸的。

據說，有人等了一週，始終沒有等到（就像我，八年前那一趟非洲之旅，也是什麼都沒緣見識）……

正緊張著，突然，我們的車像支箭般，咻一下飛射了出去。原來，第一隻牛羚跳下去了！

在第一時間趕抵河邊的我們，以最清楚、最直接的視野，見識了生命的堅韌、偉大與無畏！

牛羚們前仆後繼的躍下丈深的懸崖。有些壓墜在前面還來不及爬起的同伴身上；有些一著地便摔得昏死過去；還有些則是跌斷了骨頭，再也無法起身。只要能夠移動的，就算跛行，莫不卯足全力，奮勇前進。

牠們必須涉水過河。經歷崖邊的掙扎，沾上了泥土，讓牛羚的足下變得濕滑，更加深了渡河的危險，而河中還有其他威脅：躲過了湍急的河水，未必躲得過凶猛的鱷魚（無法過河的那些殘弱牛羚，當然更不用說了，泰半會成爲鱷魚群的腹中飧）……

過了河、上了岸、抖甩掉身上的河水，這才算眞正通過了考驗，成爲生命存續的契機。

我們安坐於車內，目睹著這一切，心中的感動與震撼，在滿眶的淚水中不言可喻。

前一天還嚷著因爲滿坑滿谷的動物數量太多，讓她有「噁心」感的朋友，這會兒也紅著眼睛說：

「我再也不會說牠們噁心了！」

不是親眼見證奮鬥的歷程，又怎會有如此透徹的體悟！我們何其幸運，在大地之上、在自然面前，有過這樣臣服於生命的體驗！

野生大地的奇妙經驗

半夜，我的帳篷頂，有著絡繹不絕的腳步聲……

很多事，我想我這輩子，恐怕再難經歷了！

只因這些奇妙的經驗，全發生在非洲野生大地上：

半夜，我的帳篷頂，有著絡繹不絕的腳步聲……一會「叭答叭答」的衝過來；一會又「叭答叭答」的跑過去……聲響之大，眞的讓人難以成眠。野兔與猴子可不管你旅途疲憊、睏得要死，牠們活力旺盛，搞不好正在追著玩呢。更何況，嚴格說起來，人家才是主人，我們這群來自文明的城市鄉巴佬，借住動物們的地盤上，有什麼資格抱怨啊。

凌晨四時，在星星的目送下，我們離開被窩去搭乘熱氣球。坐在四輪驅動車上朝外看，草原上，神秘的黑如一層紗，輕輕覆著大地。車燈一掃過，突見三兩隻公獅躺在那兒……向著我們看來的眼睛，射出紅光，一片漆黑中尤其凶猛駭人。

都說在夜間看到獅蹤非常不易，可見我們如何幸運！

我也看到了荊棘！中間一大坨是果實，也是螞蟻的窩。周邊圍繞的尖刺，可以

↑在夜間看見獅子，非常不易！

←原來，這就是荊棘。

阻止鹿吃到果實，於是鹿會伸出舌頭舔食，但只要一舔，就會被螞蟻叮咬。自然界的共生機制、互惠狀態，眞的非常奇妙而有趣。而寡聞如我，這才明白，久聞其名，甚至常在文學作品中見到的這兩個字，原來生得如此模樣。

還有那一條，讓人難以忘懷的「河馬河」。放眼望去，河面上一塊一塊宛如大石浮突，其實全是河馬的背！

除了「壯觀」，眞的很難想到其他的形容詞。

那一日，我們有一個小時的「地上狩獵」，其實主要的行程就是近距離看河馬。

所謂地上，表明了我們要步

行。這可不是開玩笑的事，我們是步行在殘酷的非洲大地上；我們是沒有向動物們申請許可、不請自來的不速之客；我們是活生生的「美食」。若不謙恭、自保，主人們可不需要對我們講任何禮數的！

於是，大家乖乖的排成一直列。爲首的，是荷著長槍的當地嚮導，中間是我們這些旅客，殿後保護的，則是也荷槍實彈的另一名當地人。

那樣的隊伍，在非洲烈陽下行走，想必像極電影畫面啊！

夜宿樹屋時，每吃完晚餐，大夥便在嚮導的護送下回到各自的「房間」。這看來浪漫的一段路，實則仍是危機四伏，半點輕忽不得。走在最前面的嚮導總是拿著手電筒，對著架高的樹屋下方，仔細萬分的照看再三，就怕有猛獸蟄伏其間。

說來其實矛盾：一方面怕我們受動物驚擾；一方面卻又希望我們能看到更多動

↑河面上一塊塊宛如大石的突出物，其實全是河馬的背！

→樹屋lobby前的大水池邊放了鹽岩，吸引動物前來。

在殘酷的非洲大地上進行「地上狩獵」，雖然前後各有一位荷槍實彈的當地人保護，我們心中仍然十分忐忑。

物。他們在樹屋lobby前不遠處，設了一處大水池，且在池邊放上岩鹽。爲了順應身體的需求，動物們自會前來喝水與舔食鹽塊，旅人們便能藉此大飽眼福。然而說穿了，這其實是違反環保的。

在非洲，我唯一拒絕看的，是蟒蛇！

某日，我們在阿魯沙的森林裡，大夥拿著望遠鏡，興奮萬狀的抬頭，往參天的一棵大樹猛瞧。我深怕錯失了精采，趕忙問：

「看什麼？看什麼？」

「蟒蛇啊！那邊有好大的蟒蛇欸！」

我一聽，雞皮疙瘩立馬竄了全身，頭也不回就往車上走。我最怕蛇了，何況是蟒蛇！

此刻，安坐在書桌前，書寫著這一切非洲印象的我，與在非洲大地上的自己相較，眞是啞然失笑，說不出的奇妙啊！

一隻豹的完美演出

那隻豹，就在車頂上。而車裡那貌似一家人的西方遊客，僵坐著，動也不敢動。

那隻豹，旁若無人的踞立著。

一舉手、一投足，除了優雅美麗，根本找不到更適合的形容詞。睥睨的眼神就像在說：

「本大王才不管你們要看多久！我愛怎樣就怎樣，這是我的地盤！」

此刻牠足下踩著的「地盤」，不是青草原野、不是綠蔭樹梢，是一台跟我們所乘一模一樣的四輪驅動車！那隻豹，就在車頂上。而車裡那貌似一家人的西方遊客，僵坐著，動也不敢動。深怕大氣一喘，那美麗卻殘酷的生物一時心血來潮，探進車裡找吃的……

別說那一家人了，即便是隔著安全距離，安坐在其他四輪驅動車上的各國遊客們（包括我在內），緊盯著車頂的那隻豹，大家也是屏氣凝神，緊張得要命哪！

我一面看著那台車上的一群人，一面暗想：如果我身處其中，眞不知會嚇成什

那部車上的爸爸，竟大膽地從天窗露出身子來反拍一直拍攝他們的人群。

麼模樣了！

車上的那位爸爸，既是緊張、驚懼，又是無奈。在只能等待的過程中，想來是被圍繞周邊的相機、手機、錄影機給拍煩了；只見他拿起手機來，開始反拍我們。

這景象有種說不出的弔詭。

他們看不到猛獸的舉動，也猜不到牠下一步要做什麼……更難受的是，因爲「託了那隻豹的福」，還得成爲別人鏡頭下的焦點。

話說回來，豹子的所有姿態，無一不美；眞是連我這美姿美儀老師都要甘拜下風。即便只是靜止不動，牠那昂著頭、不可一世、捨我其誰的風範，也絕不是渺小如我們人類可以隨便東施笑顰的！

空氣凝結著。

豹子終於起身、躍下、慢慢踱步離開，完成了一場完美的演出。

突然，豹子動了。牠先是起身，小心翼翼的探出前腳，慢慢的從車頂跳到引擎蓋上；然後，又停住，若有所思……

眞是折騰人啊！

終於，牠躍下了引擎蓋，幾乎是悄無聲息的落了地。就像爲了一場有始有終的表演似的，豹子走到草地上，蹲伏下來，打個滾，走了！

揮揮獸足，不帶走一片雲彩。

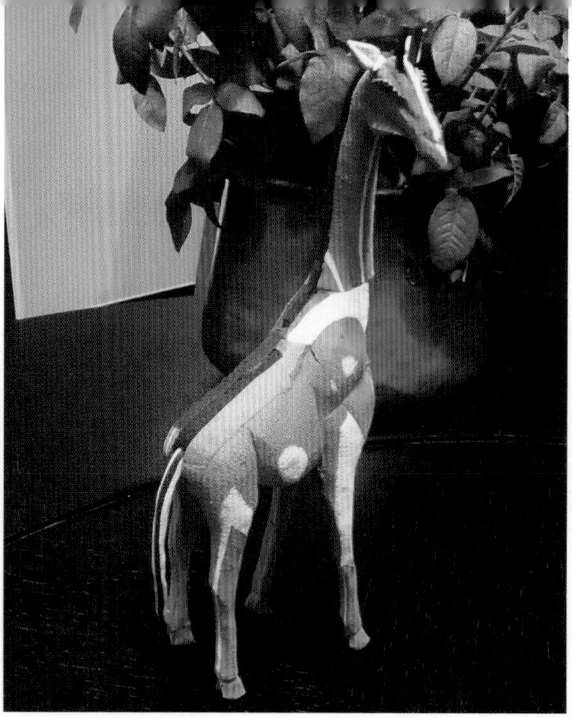

樂天知命的馬賽族人

他們非常開心，接過可樂二話不說，便用一口好牙直接咬開瓶蓋，仰頭咕嚕咕嚕灌起來。

這一次，我從非洲帶回來一隻長頸鹿。

彩色的長頸鹿！

大概二十五公分高，斑斕、結實，體態優美。雖然是手工擺飾品，但無論乍看抑或細瞧，均可看出作者對野生動物的深刻了解：這隻長頸鹿的骨架、肌肉、身形比例，完全在寫實範圍內忠實呈現。

它是未受過任何美術教育的馬賽族人的作品。

在設備簡陋的工作室，用遊客隨意丟棄的塑膠拖鞋，馬賽人卻發揮創意，製作出如此斑斕、優美的手工擺飾品。

材質是：塑膠拖鞋！

來自文明世界的塑膠拖鞋（就像我們常見的藍白拖），被遊客們隨意棄置，這對自然環境是多大的危害！於是非洲人將無以數計的拖鞋集中起來，處理後，用那些彩色的塑料做成各種動物。我買的算是小size，其他還有立地型的大件雕塑。

我們被帶去參觀設備簡陋的露天工作室。做著這些手工藝品的馬賽人，戴著口罩，聊勝於無的防護著空氣中的有毒物質。

其實我最喜歡的，是馬賽族人的樂天知命，還有毫不扭怩作態的舉止。有時我們在路上看到披著紅色披肩的馬賽人在牧牛，手持一根木杖的他們，見到族人，必定會停下來，打個招呼，寒暄

東方女孩又直又亮的頭髮，竟引起馬賽人強烈的好奇心，圍著女孩撫摸她的頭髮，並爭相與她合影。這點小事，便能令他們如此快樂。

幾句。

有一天，我們的車開著開著，又遇見了四個牧牛的馬賽人。我們停下來，四個人站在車邊跟我們的司機嚮導聊著天，我看著他們黝黑的皮膚、開朗的笑容，以及那一口每個馬賽人都有的雪白牙齒……突然讓我想起《上帝也瘋狂》這部電影來。

車上的小冰箱裡，有冰得涼涼的玻璃瓶裝可樂，我請朋友拿出四瓶，遞給四位牧牛人。

他們非常開心，接過可樂二話不說，便用一口好牙直接咬開瓶蓋，仰頭咕嚕咕嚕灌起來。我坐在車裡，看著陽光下他們黝黑的臉，那樂觀開朗、易爲小事快樂的單純，眞的好生羨慕！

我們這支九個人的親友團裡，有個當年暑假前甫自小學畢業的小小少女。她留著一頭又直又亮的長髮，沒想到在馬賽人的眼中，竟成了「奇珍異獸」。小孩們圍著她瞧，大人們也好奇得不得了，就連學校老師都要跟她合照。

其實想想也難怪，馬賽女人無分年紀，清一色全是貼著頭皮的褐黑短鬈髮。東方人又直又長的一頭秀髮，當然稀有又珍奇啦！

在非洲大地上、在馬賽人眼前，我那原本在城市生活中累積的煩躁鬱悶，好似一天天減輕了重量，漸漸變得微不足道起來……

透過藝術，與非洲永保連結

此去經年，小樹已然綠蓋亭亭，昔時植樹以紀念愛人的凱倫也早已不在人世……

早年看電影《遠離非洲》，爲劇中梅莉．史翠普與勞勃．瑞福的多舛愛情落淚、爲那蠻荒大地上的浪漫人生折服，甚至買了原聲帶反覆諦聽那撼人的旋律……

我唯一沒想過的是，此生居然有一日，我可以進入劇中人的屋宇，親眼見到眞正的故事主人翁曾經的生命軌跡。

電影《遠離非洲》的真實女主角凱倫的故居。當年她為紀念愛人所種植的小樹苗，如今已長成大樹。

更沒想到，眞實人生中的女主角凱倫（Karen Blixen），竟比當年詮釋她的梅莉・史翠普還要美麗且優雅！

此番非洲行的最後一日，我們回到了東非大城奈勒比，參觀凱倫故居改裝的博物館。在凱倫身後，她的故居便被捐贈給了東非政府，保留著一切原貌。美麗卻質樸的大房子，從庭院到內室都散放著濃濃的人文氣息。女主人的才華橫溢，她的畫尤其讓人一見難忘。

在入口玄關處，掛了兩幅巨幅油畫人像，都是凱倫描繪她的非洲家僕。濃濃

真實人生中的凱倫，比飾演她的梅莉・史翠普還要美麗優雅。

的感情透出畫布，聚焦於畫中人的眼神。那般強大的力量，讓我深受震懾。油畫人像，並非「神似」就好；靈魂才是成就傑作的唯一元素。

當年，凱倫的戀人（即勞勃·瑞福所飾角色）駕駛小飛機不幸墜毀罹難，凱倫悲痛逾恆，爾後在能遙望墜機點的地方，種下一棵樹苗。此去經年，小樹已然綠蓋亭亭，昔時植樹以紀念愛人的凱倫也早已不在人世……然而，美麗動人的故事卻未曾隨著歲月遠去。正如凱倫留下的畫作，令人不忍或忘的眞摯，曾在非洲大地揮灑的生命熱愛，再久的歲月也無法洗去。

藝術的力量，眞的是超越國界。我們離開非洲前的最後一餐，被安排在一處美麗的庭園餐廳。用餐區周圍的樹蔭下，放置了許多畫作，據聞都是非洲當地藝術家的作品。我自學畫以來，看畫的眼光日漸不同於以往。瀏覽一圈後，其中三幅畫作吸引了我的注意，充滿原始魅力的用色與筆觸，以及那種……唯有在地人才有辦法詮釋的非洲靈魂，讓我毫不猶豫的掏錢買下。

回國後經過一段時間，我才將三幅畫作展開來，再次欣賞。那幅馬賽女人背著小孩兒的作品，等於一圓我當時相機快門錯失的珍貴畫面。孩子的臉是轉過來的，而不是埋在母親的大紅斗篷裡。

至於另一幅更具張力的女性人像，畫中的馬賽婦女顯然非常年輕，她裸露的胸部線條堅挺，但毫不色情也不覺猥褻。黝黑的臉上，是堅毅又倔強的神情，頭頂著食物，生命與生存的力量，在日常動作間流瀉！

斑馬那一幅，則是因爲豔如血色的紅，讓我聯想到非洲的夕陽。

感謝這些美麗的藝術，因爲它們，我與非洲大地的連結，永不中斷！

畫中頭頂食物的非洲婦女，極具生命力。

Part 3——

極地・絕美景觀

消失中的阿拉斯加冰河

導遊說，光是一年之間，棉田豪冰河的冰緣就已倒退了四百公尺……

沒踏出家門、沒離開自己的「舒適圈」，你恐怕會跟以前的我一樣，老覺得電視上那些有關地球暖化的報導似乎過於危言聳聽。然而等你眞的踏上阿拉斯加，親眼見到本該覆著厚厚白雪與萬年冰河的群山，東一塊西一塊的露出被消蝕的土地……

那景象，宛如美人臉上花了的殘妝，分外讓人感到不捨與悲涼。

這種時刻，你只會驚詫，地球暖化的程度，其實遠比電視報導的更嚴重！

多年前，當我首度造訪哈伯冰河，那龐然的冰壁立在眼前，是多麼地仰之彌高。近幾年，它們卻以驚人的速度在變矮！今年再見，冰壁竟然只剩幾層樓的高度，看在眼裡，心中難過得不得了。

以前去，從船上見到冰塊如巨石般滾落，滿心讚嘆；就連入海的聲音都是轟然巨響，聽來甚是壯觀。現在去，眼見一樣的場面，卻是一種悲傷的心情，冰塊落海也小聲得多，只覺捨不得。

本該有大塊的浮冰，如今只有稀稀落落的小塊浮冰，足見地球暖化程度之嚴重。

導遊說，光是一年之間，棉田豪冰河的冰緣就已倒退了四百公尺……如果你沒概念那是多長的距離，想想吧，一百三十三層樓！冰緣就是往後消蝕了那麼遠！

遊覽哈伯冰河，是不能上岸的。乘坐的船隻愈小，就愈可以靠近了看，只是，小船當然比不上大船舒服。此外，還得看天候條件，像我幾年前去，方圓百里全都是霧，什麼都看不到。

正因爲冰河迢迢，造訪不易，駛進海灣之後，船隻會停留兩個小時以上，以便可以細覽絕景；並且以非常緩慢的速度繞行轉圈，好讓所有乘客都能欣賞到一樣的景色。

當大家坐在船尾的餐廳裡，一面吃喝著，一面對著船舷外的景物發出不知是驚嘆抑或惋惜的聲音，我思忖著：這些來自世界各地的地球人，究竟知不知道，我們這個地球村，還剩多少美景可以珍惜呢？

雪中奔馳的快感

緊抓著身側的握把，哈士奇們奮力疾奔的背影在我前方此起彼落。

白茫茫的雪地上，兩隻哈士奇正在鬧彆扭。

牠們沒有發出嚇人的吠叫，但不時呲牙咧嘴，還作勢用壯碩厚實的肩胛互相推搡撞擊，有點像壞小孩鬧事，打架的態勢似乎一觸即發……正緊張著，一旁有位戴著雪地墨鏡的男士出聲喝斥，兩隻猛犬立時安靜了下來。

我默默看著，心裡其實有點小忐忑……「別意見不合啊！」我心想；不為別的，牠們可是待會即將擔任我們車伕的其中兩員大將呢！

沒錯，此刻我正興奮地等待著我的阿拉斯加新體驗——乘坐哈士奇拉的雪橇！

此番，已是我第八度踏上阿拉斯加，向來自認對這塊大地極之鍾愛的我，幾乎什麼都玩過看過嘗試過了，就是沒坐過雪橇。這在電影上看來萬分酷炫刺激的活動，真要親身體驗，好像還得仰賴那麼點莽夫的衝勁，比如之前興奮得吵吵嚷嚷、躍躍欲試的妹妹，就突然面有難色的臨陣打了退堂鼓。

坐雪橇的規矩不少：首先，工作人員會檢視你的太陽眼鏡，一般都必須再加掛

一副他們提供的防雪護目鏡，否則雪地上強烈的陽光反射，可不是開玩笑的。本來以爲我也得照做，想不到我的配備竟然因爲鏡片夠厚，合格了。

再者，雪橇速度很快，乘客又等於完全暴露於外，所以必須清楚自己的身體狀況能夠負擔才行。

一架雪橇只能坐三個人，我的小膽一遇上玩便開竅，於是自告奮勇坐最前端，後面則是兩位親友。尾端兩位站得直挺挺的年輕人，男生負責駕馭狗群（就是剛剛讓兩隻哈士奇低頭的那位），女生則職司方向的控制。同時間有多隊在準備，狗兒們蓄勢待發。當前面的隊伍抵達某個定點，排序在其後的隊伍才能出發。

一切就緒，工作人員再三叮囑「手要抓緊」。然後，咻的一聲，我們像箭一般

→與負責駕馭狗群的駕駛合影，我又成功地做了一次小小冒險。

↓拉雪橇的狗兒，就一隻隻地住在畫面右方的小屋裡。

射了出去！

真的很快，比我想像中更加風馳電掣。阿拉斯加的風在我耳邊嘶吼，忘了戴手套的雙手顧不得疼，緊抓著身側的握把，哈士奇們奮力疾奔的背影在我前方此起彼落。崎嶇不平的雪地讓這疾速的旅程因爲顛簸而更添冒險情致。

好好玩、好特別、好刺激、好精采！

征服了自己的恐懼！還有什麼比這更具成就感？照片中的我，難掩那種「我是不是帥呆啦」的得意。

一場雪橇之旅，我平安且意興風發的歸來了。在安全的界限之內，我這莽夫，又爲自己的人生，重添了小小一筆冒險史！

「荒蕪」大地，我的最愛

舉目四望，防波堤、樹梢、黃嘴白頭的老鷹此一隻彼一隻的佇立著。

你坐過一路開進水裡的巴士嗎？

阿拉斯加的凱契根，就有這麼一種名爲「Ketchikan Duck Tour」的行程。黃色的車身，我戲稱它爲「水鴨子」。滿載著觀光客，陸地上開著開著，行至岸邊，竟然順理成章就下了水。

雖然事先知情，但由車變船的當下，還是十分令人驚喜！尤其當瞬間從堅實的路面陷入溫軟的水波中時，車身傳來的那種輕微晃漾感，眞的挺奇妙的。

只見大家在座位上不安分地左顧右盼，一顆顆人頭忙不迭的扭來扭去。因爲兩岸的美景實在漂亮，讓人目不暇給。

隨車導遊舌燦蓮花的不停介紹著兩側風光，每每這種時候，我又不免在心中慨嘆，誰教自己年少不讀書，老大徒傷悲啊！如果我英文好些，不勞人翻譯，可以聽懂導遊說什麼，豈不更增遊興！

被我戲稱為「水鴨子」的水陸兩用車。

舉目四望，防波堤、樹梢、黃嘴白頭的老鷹此一隻彼一隻的佇立著。這種鷹是美國國鳥，睥睨昂藏的姿態很是美麗。多年前公公還在世時，先生與我帶他來阿拉斯加遊覽。公公對於這幾乎動不動就看到的猛禽，並不像一般遊客那麼買帳，他總是用一種「你們不要少見多怪」的語氣說：

「不就是老鷹嗎？我們小時候在鄉下常常看到啊，有什麼好稀奇的！」

其實，公公您有所不知；老鷹也分很多種的。

這種全名爲「白頭海鵰」的巨型老鷹，是一種食魚鷹，原本便只盛產於北美洲，近年更如同這世上許多其他的美麗動物一般，也面臨著滅絕的威脅；現在幾乎只集中於阿拉斯加呢。

如今幾乎只集中在阿拉斯加的美國國鳥：白頭海鵰。

一隻成年的白頭鷹，據聞體長可達近一公尺。想想看，一隻鳥能有那般龐大的身形，看起來有多麼剽悍且不可一世。牠代表著勇猛、力量與勝利；對於總是居於世界龍頭老大地位的美國來說，恐怕還眞沒有第二種鳥類，更適合被選做他們的國鳥了。

猶記得第一次到阿拉斯加時，我還沒踏下船呢，眼見一片「荒蕪」大地，半點「先進、好玩」的跡象也沒有，心裡實在難掩失望。我心想：

「怎麼這麼荒涼啊？」

哪裡想得到：斯土斯景，竟在首次造訪之後，成爲這世上我最愛的所在！至今已重遊八次，

仍未見倦怠！

人們總問我，阿拉斯加到底有何魅力，能讓我一再重遊？其實，光是那裡永遠提供最清新的空氣，就非世界其他地方可以比擬。加上無法預知的大自然景象，每次都能帶給我不同的驚喜。例如，有一次我從蘇華德港搭乘巴士回安克拉治途中，竟意外看見滿山遍野的野花，彷彿上帝編織的花毯。另一次，在一個小鎮裡漫步，則看見小溪中竟是滿滿洄游的鮭魚。而每次去賞鯨，也都有不同的體驗。阿拉斯加的美如此變化多端，你說，怎能教人不著迷呢？

「除此無他」的獨特紀念

沒有我的命令，這兩個漂亮的小傢伙哪兒也不會去。

我養了兩隻青蛙。

牠們身長約十五公分，一隻綠，一隻紅；皮膚隱隱透著近似金屬的光澤。綠色的那隻，腳蹼是鮮藍色；而紅色蛙兒周身長著圈圈花紋，腳蹼則是黑的。將牠們抓在手上，又冰又沉。放在桌上，兩隻小蛙便會野性十足地恣意伸展著四肢……

有時在家請客，牠們也會上桌。我喜歡從庭院裡剪取一些花草，再鋪設幾顆小石子，讓青蛙們棲伏其間，餐桌便因此饒富野趣。客人見了，總是驚嘆再三，連連稱讚：「好漂亮！」而且都會忍不住想伸手摸摸牠們。但兩隻小蛙兒的姿態狂野，只是裝模作樣而已，沒有我的命令，這兩個漂亮的小傢伙哪兒也不會去。

因爲牠們倆是鑄銅的；多年前我購自阿拉斯加。

一隻美金兩百五的鑄銅青蛙，是全世界僅此一家、別無分號的阿拉斯加藝術家精心之作；也就是說，只要出了阿拉斯加那間藝術家小店，我就再也買不到這種獨特的精品。

買來的時候，兩隻都附著精美的燈心絨手袋，綠蛙配著綠袋；紅蛙則裝在黑袋裡，袋口還有長長的繩穗將之束起，足見其用心。從物品本身到包裝，無一不是藝術。

整個阿拉斯加本來就都是小鎮，不是什麼大城，在這樣的地方挖寶，當然愈特別、愈值得。

更久以前，我還買過兩個陶偶，一哭一笑，都是坐姿的愛斯基摩娃娃，至今他們在我的浴缸旁坐著，無論白天夜晚，無論襯著天光還是夜色，都是既特別又饒有風情。

早年我初訪斯土，也曾眩目著迷於一般觀光客不會錯過的當地特產。比如大大小小的捕夢網，從擺設到小飾品，買得十分過癮。

兩件購自阿拉斯加的紀念品，都極為獨特且饒富風情。

但是後來，因爲深深鍾情於這世間難能淨土，想要從當地帶回的紀念品，漸漸變得與人不同。

想想，當你飄洋過海，到了如此遙遠的阿拉斯加，你要買的東西，難道不該深具地方色彩？我的意思是，你難道不該把錢花在「除此無他」之處？

那麼，當你結束旅程回到家中，檢視行李時，那隨著你飄洋過海回來的，方才是一份經得起時間考驗的、獨一無二的紀念啊！

難忘的病中旅行

這澡不洗還好；一洗，反而大意失荊州！

遠從二十餘歲開始旅行起，數十年來，我幾乎未曾在旅途中生過病。我總是非常小心，無論飲食、衣著，向來要求自己必須健健康康的旅行。就這樣兢兢業業了一輩子，不想竟失守在北極。

這一趟，從芬蘭切入。半夜，我們自台北登上飛機，經過十二、三個小時的長程飛行，抵達芬蘭首都赫爾新基。在機上我已隱隱覺得發冷、喉嚨有點疼，儼然是感冒初期的症狀。赫爾新基下機後，馬不停蹄的行程於焉展開。先是轉機至芬蘭北方的羅凡米尼機場，還得再搭車，才能抵達北極圈博物館，一路舟車勞頓。參觀北極圈博物館時，那圓圓的建築、拱廊，一開始還能讓我轉移注意力，認眞的拍照。可是到了後來，我已經累到只想坐在椅子上，半點路也無法多走，甚至央請遊覽車先將我送回飯店休息。

起初我還不以爲意，一方面自恃已有兩次極地經驗，再者，衣物也絕對足夠禦寒。自忖也許洗個熱水澡，小小的不適或可迎刃而解。

擺了姿勢與最愛的雪上摩托車合照，其實我已經嚴重感冒中。

結果，這澡不洗還好；一洗，反而大意失荊州！

因爲氣溫極低（攝氏零下二十三度），又是在極地，回到飯店，我心想：焉有不享受個芬蘭浴（桑拿）的道理？而且既是感冒嘛，蒸出一身汗，想必能好上大半。於是我舒舒服服的洗了澡，也烤了個熱呼呼的桑拿。這才想起浴袍忘了帶進來，只好就這麼跑進房間拿浴袍。

前後不過幾秒的時間，當我一接觸到浴室外落差極大的冷空氣，冷到像瞬間被冰寒之氣鑽入了骨頭！心中驚呼：「完了！」

這一洗，眞眞雪上加霜！

接下來的行程，我的症狀一天比一天嚴重。

第二天，可以搭乘馴鹿拉的雪橇，我坐了，小小繞行了一圈。我最愛的帥氣十足的雪

在冰原上體驗浮冰的感覺，是非常有趣的活動，我也只能眼睜睜地看著別人玩。

上摩托車，沒敢坐，也不會騎，裝模作樣擺了姿勢拍照，純過乾癮。

更慘的是，同團旅客，竟然沒有半個醫生。我的朋友行前去看牙醫，帶了醫生開給她預防牙痛的紅黴素出國，冰天雪地的北極，我只得暫時以此緩解不適。然而畢竟是抗生素，吃了以後，感冒發炎的情況是控制住了，但我開始鎮日昏昏沉沉，沒力氣、沒食慾。很多預訂行程只能眼睜睜看人家去玩，完全不敢參與。

比如，第三天，我們乘坐破冰船出海。所有旅客都穿上救生衣，當船行駛到冰洋上某處，停船。大家魚貫爬下樓梯，走上冰原。冰原上，有個鑿開的圓洞，然後這些旅客們就像下水餃似的，一個一個被放到其寒無比的海水中。因爲有特製的浮水衣，沉不下去，藉此讓人們體會浮冰的感覺！偶爾有人漂遠了，立時就會被工作人員用根長長的枴杖給勾回來。

我正感冒著，哪敢下去當浮冰？怕不成肺炎才怪！只能待在船上，居高臨下的看人家玩！

又比如，大夥去坐哈士奇拉的雪橇，我趕緊安慰自己：還好還好，我在阿拉斯加坐過了。

冰上垂釣，我沒敢去。釣魚要守候、等待，我也怕會再度受寒。心裡還很酸葡萄的想：

「反正你們一定釣不到！」

千里迢迢來此，卻因爲生病玩不了，眞是讓我這愛玩的心不甘極了！

幸運的是，我終究見到了北極光。否則，恐怕搥胸頓足加扼腕，也不足形容我的憾恨了吧。

終於親炙北極光

那樣的綠，該怎麼形容呢？碧澄如湖水，又似玉璽寶石；有時耀眼明亮，有時又隱隱綽綽，忽隱忽現。

有人說，彩虹是上帝與人的盟記。

二〇一四年三月，在終於看過極光之後，我想說，那令人驚嘆的景象，應該才是造物主爲人類萬物所展示的，更爲深刻的印記吧！

雨後彩虹，隨處便可得見。

北極光，卻是得親臨北極，必須天候佳（白天必須晴空萬里）、季節對，天時地利；人呢，也得運氣夠好，才有緣有幸得以親炙奇景！

渺小的我，便是跑了三趟北極（前兩趟記述於前書《出走》裡，於此不再贅述），這才終於感天動地，讓我見著了極光啊！

此番我仍然選擇跟隨旅行團；這也是我對大家衷心的建議。北極大地絕不似一般旅遊勝地，萬不可小覷、不可兒戲！到那樣的荒郊野外、冰天雪地中旅行，跟團，一來人多安全；二來住宿、交通都不必操心，且可保有一定品質。

為看極光，我們最後兩天住的是圓形的玻璃雪屋。房屋的上半部（包括屋頂）是透明的，下半截則用布圍起來，從外面平視的角度看不見床，基本上仍保有一定程度的隱私。屋內有暖氣，溫度還算適宜。

這樣的雪屋沒有浴室，只設置了一個馬桶。對一個女人來說，得在上半截是透明的屋子裡如廁，實在是難以安心！還好聰明的小輩想到我的兩個旅行箱，拿來加強防護，剛剛好！

極光，晚上九點多就出現了！

小輩迫不及待的跑到我的房門口，「砰！砰！砰！」的敲門。嘴裡嚷著「極光！極光！」當下我根本忘了感冒生病這回事，見了眼前奇景，興奮得與小輩抱在一起，在雪地上又蹦又跳！

眞是最好的報償；眞是值得了！

總時間約持續了三、四十分鐘的極光，一開始先是從樹梢，隱隱約約、白濛濛的，似有團團薄紗凝聚，而後慢慢看到顏色……

那樣的綠，該怎麼形容呢？碧澄如湖水，又似玉璽寶石；有時耀眼明亮，有時又隱隱綽綽，忽隱忽現。我們還看到了一丁點紫色，但不多時又轉綠。聽說還曾出現過紅色的極光，但十分罕見。

已經夠幸運了，夫復何求啊！

其實，當我躺在雪屋的床上，視線穿透玻璃屋頂，仰望那不受光害遮蔽，滿天大得嚇人的星斗時，心中所受的感動，絲毫不亞於親炙北極光所帶來的震撼啊！

千里萬里跑來北極的人，包括

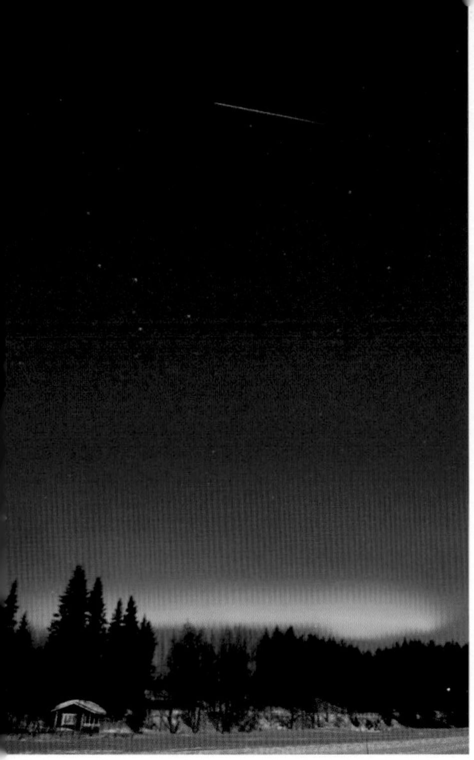

我在內，誰不是爲了極光而啓程？誰又會賦予同等的關注與感恩在星星身上？這讓我想到早年住在台北花園新城時，曾見過天邊的塵星，一大片一大片，群聚於好幾處。在漆黑的夜空中，那些星塵如銀河、如雲朵；整片蔓延……細細小小、微微渺渺，卻又無邊浩瀚，美得令人屏息。

三顧茅廬，終是讓我見著了極光！然而在驚嘆與感動之外，我心中更油然生起對宇宙的敬畏。世界之大、自然萬物之珍貴，絕不能任一己私利一意孤行。我虔意虛心向天地學習，但願我有顆柔軟的心，懂得隨時接受恩典，方能看見這世間所有難能的美麗！

芬蘭記趣

我向來崇拜鯨魚，深愛牠們、尊敬牠們。要我吃牠們，哪怕只是一丁點，我都沒辦法。

在芬蘭，不去耶誕老人村看看，是不是很奇怪？

但是看了以後，我的失望，卻又令自己有些後悔。好像原本的美好幻想，那個彩色汽球被戳破了似的。

怎麼說……整個耶誕老人村弄得太像度假營，反而不見古典浪漫的情致。感覺熱鬧有餘；但精采不足。我尤其「同情」扮演耶誕老人的那位先生。要見耶誕老人，得經過長長的走道、爬坡、上樓梯……千辛萬苦之後，耶誕老人又是一而再、再而三的「呵！呵！呵！」的笑個不停……

我都替他累了！

還有件小插曲，也讓我對耶誕老人村的印象扣了分。當時我學著其他觀光客，買了張十足當地風格的明信片，寫了些話語寄給自己，未料已經逾半年了，我的明信片，依舊杳無音訊。

同行的朋友們為體驗道地的北歐風情，吃了馴鹿肉，我沒勇氣嘗鮮，只能聽人描述。每個人說的都不太一樣，有人形容不太出來，有人則說像牛肉。若以馴鹿體型來看，口感像牛肉應該是頗為正確的描述吧！

倒是馴鹿肉讓我想起十幾年前另一樁無法舉箸的事例來。

十幾年前，我初次到北歐旅行，興致勃勃的與朋友逛了當地的市集。市集裡有攤位賣著鯨魚肉，朋友耐不住好奇，說想買個一小塊來嚐嚐。我馬上忙不迭的搖手，說我絕對不吃！

我向來崇拜鯨魚，深愛牠們、尊敬牠們。要我吃牠們，哪怕只是一丁點，我都沒辦法。

看了我堅持的態度，聽了我的心

情，朋友也不吃了！

芬蘭人在外型上不若荷蘭人高大，皮膚多半非常白皙，也有很多人是金髮。北歐人熱愛陽光，只要出太陽，從來不放過，就是卯起來拚命晒。像我這樣一個堅持「一白遮三醜」的東方人，對太陽避之唯恐不及。老實說，我實在很想撐陽傘，但又壯不起膽子，因爲實在太土。

猶記得，有一年，我搭的郵輪駛過北歐峽灣。天氣非常好，陽光白花花的。船上的我穿著T恤、背心。當船慢慢接近城鎮時，清清楚楚看到在岸上趴著晒太陽的北歐男女，白得驚人的膚色，讓他們看來活像一條條正做著日光浴的白帶魚。而且，爲了讓身體的每一吋肌膚都能均勻的晒到太陽，他們還會適時翻轉，就更像白帶魚了！

船安靜的駛過。

整個世界都是安靜的，之於遊客的我們，或之於當地人的他們。那一刻，世界眞是無比溫暖、無比和平。我終於能體會各國佳麗最喜歡在選美時說的那一句：

「World Peace」了！

Part 4——

美加・知性文明

錯失許久的緬因之美

那音效很是震撼，絕非人工所能企及。大自然果真還是無可匹敵啊！

雖然去過美國多次，但我始終與緬因州不熟。紐約、加州這些廣受大家歡迎或傳頌的名地，總是先入爲主的占去我絕大多數的旅美版圖。

因爲這樣，我竟從來不知緬因州是那麼美！

說實話，從前我一直以爲緬因州是個鳥不生蛋之地，反正美國那麼大，數十里杳無人煙的地方所在多有……於是就這麼無知的誤解著，直到此番因爲搭乘郵輪，得以到緬因一遊，才終於破除迷思，見識她的美麗。

緬因州是個幾乎沒什麼高樓大廈的地方。我們去的時節正好，紅色、黃色的樹葉在風中招展，美得令人目不暇給。我一面貪心的不停拍著照，一面既是懊惱又是慶幸的想著自己竟錯過了好景如此之久！

船只能停一天，怎麼夠？

尤有甚者：前一天當我們還在波士頓時，就聽聞所有的政府機關都因爲正進行

紅葉季節的緬因州，美得令人目不暇給。

罷工而關門！茲事體大，因爲這一日我們預計造訪的緬因州阿卡迪亞國家公園（Acadia National Park），搞不清是不是也隸屬於公家單位，要是它沒開，我們這一群不遠千里，「飄洋過海」而來的「老外」，可眞不是只有「可惜」可以形容了！

我倒是將「既來之、則安之」的旅遊哲學發揮得淋漓盡致。明明也擔心白跑一趟，我卻在前一天，故做瀟灑的對大夥說：

「說不定它明天就開放了啊！」

想不到，我還眞說對了！我們去的那一天，眞的是該名勝復工的第一日。連園內開遊覽巴士的司機，都因爲太開心，一路上頻頻說著笑話。他說關園已有很長一段時日，每天都在

阿卡迪亞公園占地遼闊，沿途風光明媚。

雷聲洞的景觀與音效，都令人嘆為觀止。

擔心飯碗不保，而今再度開放，重拾工作的快樂溢於言表。

阿卡迪亞公園占地非常遼闊，沿途風光明媚，紅黃的秋葉惹得滿眼斑斕……有一處勝景「雷聲洞」，也在這國家公園的腹地內。海浪打進山洞，轟隆隆的聲響猶如雷聲低鳴，那音效很是震撼，絕非人工所能企及。大自然果眞還是無可匹敵啊！

雷聲洞在近海處，得走階梯下去。我向來小心，倒是女兒，硬生生摔了一跤。幸運的是，沒傷到任何部位，只是驚魂甫定，心情受的影響比身體大。

她跌倒的時候，我並不在現場，因爲我上洗手間去了。走出廁

隨手拍下的落櫻繽紛，是我相當滿意的一張照片。

所沒幾步，便赫見滿地落櫻繽紛，鋪滿桃紅色花瓣的道路，美極了！我一驚豔，自然又是拿起手機拍個沒完。

而此番「失足」，已經不是女兒第一次在旅途中摔跤。前些年我們去米蘭，才剛下飛機沒多久，她就扭到腳了！而且那次是扭傷，若處理不當，所有行程都只得作廢。我急中生智，馬上找了家咖啡館，煩請人家提供一包冰，立刻幫女兒冰敷。這處置非常有效，否則第二天怕是會腫到連路也走不了，那可怎辦！

回頭來看這旅行即景：女兒在國家公園裡摔了無傷大雅的一跤；我在國家公園裡，則是因爲上洗手間，意外賺得美景一幅。對我們母女來說，也算是一次難忘的紀念吧！

最高學府的豐美之旅

老實說，這是我買過最特別也最具意義的巧克力了。

我眼中的哈佛校園，充斥著俊男美女！

好吧，也許我這傻觀光客的理論失之偏頗。但以隨機抽樣來看，至少那一天，當我與女兒在優美的哈佛校園裡，無論是散步還是閒坐休憩，舉目所見，眞的不蓋你，幾乎盡是男的帥、女的漂亮啊！

或者換個角度想：因爲教育所獲致的知識與內涵，眞會在潛移默化之中，改變人的容貌罷。

「這就是『哈佛臉』嗎？」我們半開玩笑的打趣著。

正說著，一位年輕的金髮女孩緩步走過我們眼前。她拄著枴杖，一手將手機舉在非常靠近臉的正前方，很明顯的是位視障人士。

在身體不方便的情況下，還能進入世界頂尖學府就讀，可以想見這一路不足爲外人道的艱辛。我與女兒默默注視著她經過，那樣一個走在哈佛校園的身影，看來眞是十分美麗！

充滿學術氣息的哈佛與麻省理工學院校園。

哈佛校園廣褒，我們隨意走著，看到寬廣如小禮堂的大教室。也有很多精緻簡約，只能容納七、八人的小型空間，想來是爲了研究所的學生上課所用。

哈佛校園周邊，有許多小賣店，販售著哈佛相關商品。比如印著「Harvard」字樣的棉質T恤，材質較爲厚實的冬季帽T、夾克。這些紀念品不貴、不俗，且有名校光環加持，買回來送小輩，永遠都很受歡迎。

然後，我們又去了另一名校——麻省理工學院。

進入校園不久，便見到遠處有一群學生在義賣巧克力，金額不限，所得爲捐助癌症研究團體，幾個年輕人正奮力疾呼。我與女兒在校園各處參觀了一圈出來，約莫已過了三、四個鐘頭吧，只見他們還在聲嘶力竭的喊著，認眞得不得了，努力的模樣讓我很是敬佩。我放下十元美金，學生們一面說著

麻省理工學院裡賣力義賣巧克力的學生，為我平凡的旅程增添了意義。

謝謝，一面笑容可掬的遞給我一條巧克力。

老實說，這是我買過最特別也最具意義的巧克力了。

滋味如何已完全不重要，因爲它是在旅程中買的、在麻省理工買的、向學生買的、因爲義賣而買的。

爲了理想付出熱情的莘莘學子，迷人的魅力在我眼中簡直如同大明星，所以我像個「影迷」似的要求跟他們合影留念。

我喜歡這樣深具意義的邂逅，我平凡的旅程，因此而美麗。

一直以來，我始終藉由旅行，體驗「行萬里路勝讀萬卷書」的另類學習。而如今，也因爲旅行，我得以進入世上受萬眾景仰、欣羨、嚮往的兩間最高學府參觀遊歷，這短暫的浸淫，在我的人生成績單上，註記了多麼豐美的一筆啊！

作客溫哥華

海上飄來薄霧，就這麼堂而皇之的穿窗入戶，如夢似幻的飄過我眼前。

多年前，我曾到一個定居加拿大的小輩家作客，盤桓了十天左右。

她住在溫哥華北部（一般簡稱北溫），雖然地處平地，卻是左傍海、右臨山，坐擁世間難得的美景。所謂「臨海」，不是房地產廣告的那種遙遙相望，而是大海眞的就在她家門前，常可見到山嵐如面紗一般籠罩著海面。某天下午，我躺在客廳沙發上假寐，海上飄來薄霧，就這麼堂而皇之的穿窗入戶，如夢似幻的飄過我眼前。我怔怔躺著，當下的感覺，眞是——

美到想喊「救命」啊！

難怪溫哥華會被《讀者文摘》票選爲全世界最適於居住的城市了。

朋友家附近，是一棟棟外觀各異的房子，大家全是開門見海。你能想像嗎？海星就像一朵朵花似的，開在自家陽台下的沙灘海水上！我每天從朋友家出門散步，順著小徑慢慢走，一路盡是海景、山景……黃昏時分尤其享受。家家戶戶的花草好像植栽得很隨意，卻又美不勝收。

市區則是另一種精心規畫設計的美。幾乎每街每巷都整潔優雅，住宅區的小路更是漂亮又安全，因爲用成排的樹木做人車分道。外側僅供車行，內側則是行人專用；車道寬闊足供兩台大型房車交會。秋天的溫哥華，美得霸氣。想像那些大如手掌的葉片，粉紅、淡綠、嬌黃；幾乎是五顏六色，在秋風中恣意招展著。加拿大楓一旦轉紅，是完全不客氣的，豔紅得徹頭徹尾。這與日本紅葉的委婉細膩迥然不同。

有位出版社的朋友，妻小住在北溫小山上，住家附近全是樹。加拿大對環保極之重視，綠地普及率令人豔羨。有次閒聊，朋友說，浣熊老是跑進後院吃家中狗兒的食物，不然就是翻倒垃圾桶找尋廚餘。我聽了無知的直嚷：「浣熊耶，好棒！」殊不知朋友們對這些野生動物的行徑可是氣得要命哪。

溫哥華除了美景自然天成，城市的方便性也是誘人因素。因爲溫哥華不大，所以到哪兒都很方便。它也不若東京或紐約、巴黎，沒有滿街充斥的名牌；反而有許多特色獨具的藝術家小店。

溫哥華人很少穿戴名牌，多半簡單卻不失時尚、優雅。我個人很鍾愛當地的皮衣，只要去了，總會買一件。有個很「潮」的街區，倉庫改建的，二、三線的牌子滿多，其中既有平價服飾，也有一件一萬多台幣的洋裝。

若談到吃，近年我很喜歡一家海鮮餐廳「Blue Water」。它的價位中等，有很不錯的壽司吧，握壽司、生魚片、龍蝦、生蠔、烤魚、清酒，應有盡有。西餐也很棒，尤其生蠔，叫個一打，配白酒，人生的美味與滿足啊，還能怎麼奢求？重點是：東西好吃又不貴，職是之故，同一趟行程中，我便去光顧了兩次。

這就是我所經驗的溫哥華。

奇妙的是，儘管它再美、再好，當我流連數日，準備打包行李回台北的家時，仍舊萬分雀躍。只因自己知道，旅行的初衷，終究是爲了——回家。

我和我的影子。

幸福，就在伸手可及處

一隻小鳥飛過來，停在窗緣上，牠看看我，絲毫沒有怕生的意思。

維多利亞是個安靜、美麗、不浮誇的小島。

它隸屬於加拿大，島上建築比溫哥華還要古老。多年前，我純以旅遊目的造訪時，也曾像大多數的遊人一般，爲它著名的「布查花園」驚豔不已。這幾年因爲有小輩在那兒念書，爲了參加姊妹倆的畢業典禮，前後又去了兩次，我因此暱稱爲「畢業旅行」。目的不同，反而得以接觸它不一樣的面貌。

舊地重遊的好處是：你已經有了既定印象，當旅遊指南上那些非去不

布查花園的美景，令人驚豔！

可的景點已不再構成壓力，你自然就會多出大把的時間與眼界，可以容下更多深度的、實際的、有關當地的景致或人情。

這一年六月的「畢旅」，我先是投宿島上的「帝后飯店」，它位於市政府旁，是典型的維多利亞式建築。厚厚的牆面覆滿爬牆虎，綠意滿眼，又有一種沉潛靜滯的氛圍。

早餐時，我簡單的選取了吐司、奶油、果醬，帶了一本書，落坐在一扇小小的窗戶邊。不一會兒，一隻小鳥飛過來，停在窗緣上，牠看看我，絲毫沒有怕生的意思，接著便低頭用牠小巧的鳥喙，自顧自地在我面前整理起羽毛來。

我盯著那丁點大的身影，全然被這場意外的邂逅給征服了，忘了自己手上還有書。

小鳥停留好久，我也看牠好久。託了一隻小動物的福，平凡的早餐也變得幸福起來。

與小輩們見面的下午，我們環坐在面海的露台上。涼風習習，樹影婆娑；陽光透過葉片的間隙，在地板上浮漾出細膩的碎影。大家說說笑笑，心情輕鬆得不得了。雖然身為長輩，但我當下滿溢的幸福感卻讓自己覺得年輕了好幾歲。那晚我們就在飯店的餐廳吃日本料理，道道深具創意的美食更像個完美的句點。

眾裡尋它千百度，幸福其實就在伸手可及處。

次日便是畢業典禮。一早，我坐上朋友的車，六月的加拿大已是豔陽高照，逼得本來坐在前座的我，不得已換到後座躲太陽。想不到那日陽光似乎打定了主意要跟著我，我往哪移，它就往哪照！極怕晒的我，已經戴了遮陽帽和絲巾了，還得撐把黑色小傘，在車裡東躲西藏的，那畫面，如果不巧被人瞧見，想來眞夠經典了！

至於我親愛的朋友呢，竟然也跟衛星導航系統卯上了。只見她不斷對著GPS自言自語：「是左轉嗎？」「啊！錯了錯了！」有趣程度恐怕不遑多讓。

我們足足開了兩小時才抵達！

然而終究是一切圓滿：我參與了畢業典禮的進行，看到畢業生們開心的彼此擁抱祝賀，親眼見到他們將方帽抛向天空。又一次幸福的實現，在這安靜美麗的維多利亞島。

帝后飯店沉潛靜滯的氛圍，使人在平凡的日子也能感覺幸福。

享受一座城市的不同風貌

上次去，正是楓紅時節，漫天秋楓舞秋風的景象，深深鐫刻在腦海中。

一座城市，無論造訪多少次，感覺從來不會一樣。時間隔得愈久，季節愈是有所差異，同一座城市所能呈現的不同風貌，愈是會遠超出你的想像。

身爲一個旅行者，我便如是這般樂此不疲的，在短暫的旅程中，享受著城市帶給我的驚喜與衝擊。

魁北克，便是讓我感受極明顯差異的地方。

因爲行程的安排，每回我在魁北克停留的時間都很短。上次去，正是楓紅時節，漫天秋楓舞秋風的景象，深深鐫刻在腦海中。只見一條並不長的小馬路，栽植著兩排楓樹。路小，所以樹很近。葉片的顏色繽紛熱鬧；粉紅、黃、綠、正紅……其中又以嫣紅色占最大比例。美景當前，浪漫充盈於空氣之中。

我們下船，在岸邊一排販售紀念品的小店逛著。所謂「紀念品」，對我來說，一概大同小異。我向來不喜與人競逐那些「大家都一樣」的東西，所以逛起來興趣

缺缺、百無聊賴。

然而有件飾物卻吸引了我的目光。

那是一條項鍊，天藍襯橘紅。極之活潑大膽的配色，我一見便想到以色列。一問，果然老闆是以色列人。

我買下那條美麗的項鍊，心中已有了搭配的藍圖。我的家居服多半是素樸的長衫裙，而且非灰即白；襯上這愉悅明亮的飾品，即便是居家素顏，想必也能有賞心悅目的效果。

若是出外，這樣的項鍊又容易喧賓奪主。說得直接點，就是太「嗆」了！

此回再訪魁北克，一樣是搭乘郵輪，但路線不同。我們的船要進港前，經過以前從未去過的聖安妮峽谷。遠遠便看到一座巍峨的古堡，原來就是大名鼎鼎的古堡飯店。從岸邊望去，眞是氣勢雄偉，美侖美奐；然而眞等上了岸，趨前細瞧，又覺似乎還好。

我一心想要再去那間以色列小店，但因爲停靠的不是相同的地方，後來搭車好不容易回到之前的碼頭，卻因賣店增加太多，怎麼也找不到了。

我們一群八個人，分開行動。有人忙著去加拿大國民品牌「Roots」血拼，我呢，一怕人多場合，二是沒什麼好買，於是與女兒進了一家路邊的咖啡館。它位於一個小公園旁，很有一種閒適的氛圍。最特別的是，人家可是西元一六四〇年就開

在一六四〇年就成立的咖啡館，喝一杯熱巧克力、享受窗外的人間即景，也能看見魁北克的不同面貌。

店了呢！

我點了冷天裡自己最愛的飲品——熱巧克力。喝到一半，這才赫然想起還沒拍照！趕緊拍下餐巾紙上「一六四〇」的字樣，前景剛好是我的熱飲，感覺滿點。

正享受著這與別的旅客不同的旅程，眼角又瞥見我們的導遊從窗外走過。於是相機舉起，又是風景一張。

一個城市，永遠可以有不同的面貌。有時候，能否有見著美景的運氣，也許無關季節，無關天候，而只取決於你的心情喔。

Part 5——

日本・體貼周到

還好，我還有日本

三個人就這樣在日本街頭，笑成了返老還童的小女孩！

二〇一四年三月，我去了一趟北極。

去北極，爲的是極光。前兩次造訪始終未能得見的我，三顧茅廬終是圓了夢。然而也因爲自恃於之前的經驗，一時大意，著了涼，竟然在旅程中感冒了！

這一病，非同小可，折騰得我食慾全無。北極之旅結束，我整整瘦了兩公斤。臉變小了、肚子扁了、屁股塌了，攬鏡自照，但覺形容憔悴，醜啊！

回到家中，休養了一段時間，用盡方法想要恢復元氣。爲了增重，我甚且連向來視如寇讎的消夜也照吃不誤。深夜時分，端上桌的是熱騰騰的酒釀湯圓！當年報載，影星潘迎紫爲了演出武則天晚年的福態威儀，可就是靠這高熱量的食物增肥的。

殊不知，人家大明星吃了有用；我卻仍然元氣大傷，未見半點效力。

還好，我還有日本！

同年四月的四天三夜日本小旅行，是早在北極行前便與好友約定的，因此即便

我仍然病體未癒，還是出了家門，踏上旅途。

眞的，還好；我還有日本。

初抵東京，花季已近尾聲。我們從六本木走到麻布十番，道路兩旁植滿了櫻花樹，滿地落櫻，美得不可方物。

我想像那落櫻時分，若能行經此處，我必會坐下來，仰起臉，感受櫻花在風中旋舞的姿態。或者凝神諦聽，櫻落如雪的寂靜之聲……

又想，落櫻繽紛不正似女人遲暮？雖不若青春時的亮麗繁華，卻又有獨特的沉靜優雅啊！美景如斯，讓我也不禁振作起來。

我捧起兩手的櫻花瓣，兜頭便往好友撒。她們沒料到我的調皮，既驚又喜。一方面又怕給人瞧見滿頭的花瓣，急急的想要撥掉。我得意的看著自己的傑作，忍不住哈哈笑出來！

三個人就這樣在日本街頭，

笑成了返老還童的小女孩！

麻布十番是近兩年台灣哈日旅人熱衷的新去處。它有悠閒雅致的街景，有各式特色小店。比如「儀助煮」，便是一家百年歷史的日本傳統點心店。其中一種綜合了小魚乾與花生等堅果類的零嘴，吃來爽脆又有嚼勁，很受歡迎。

走著走著，瞥見街上有按摩店。我剛巧也覺得累了，便請會日文的朋友進去幫我問問價錢。結果，六十分鐘一萬日幣（合台幣約兩千多），相較起我們所住飯店的按摩價格，便宜甚多。於是我開開心心的走進去，享受了一個鐘頭的放鬆休憩。其實裡面頗爲吵雜，但我居然熟睡了十餘分鐘，抒壓效果可見一斑！

而我貼心的好友們，知道我的喜好，還特意趁我按摩的空檔，折返「儀助煮」，替我買了好幾包零嘴呢！

經過按摩師傅的巧手，我的精神恢復了大半，三人遂又繼續逛將起來。然後在朋友們血拼的時候，我進了星巴克，點了杯熱巧克力，外加一小份甜點。最喜歡這份在城市中停下腳步的感覺。體力、腦袋，都重新蓄滿了電力。

然後，我們心滿意足的坐上計程車，回到飯店。梳洗一番後，神清氣爽的吃晚餐去。

如是這般，我那失去的兩公斤，託日本小旅行的福，就在風景好、睡得飽、食慾大開、精神大振的情況下，不費工夫的補回來了！

最對味的異國美食

想不到在寸土寸金的東京，居然還有這麼寬敞的一處洞天！

這些年，世界各地漸漸的也算走遍了。各國料理吃得不少，有廟堂之上的，也有庶民小食。其中，日本的飲食文化算是與我內心喜好最接近的。去日本，就算我什麼都不做，至少在「吃」這件事上，我可以獲致極大的滿足。

去年，走在銀座街頭，正爲多樣選擇煩惱著，突然靈光一閃，拉著小輩就往三越百貨走。跳進我腦海中的是一間名叫「築地」的餐廳，我只吃過一次，但印象鮮明，於是決定帶小輩再去試試。

我們來到三越百貨十一樓的美食街。運氣很好，座位不多的「築地」只有五、六人在等。我對小輩說：「應該很快。」便也好整以暇的加入了排隊的行列。

店內大約只有十幾二十個座位，所幸跟最會排隊的日本人在一起，時間似乎過得特別快。沒一會兒就輪到了我們，我一邊入座一邊暗自祈禱，希望還是我記憶中的美味。

猶記得上回我點了七貫（日本壽司的計算單位），此番與小輩兩人，各點了九貫壽司。裡面包含了如紅貝、鮭魚卵等；除此，小輩意猶未盡，還點了生魚片蓋飯，吃得碗底朝天，外加一杯生啤酒。兩人吃得欲罷不能，幾乎連拍照都來不及，美食便全下了肚。

老實說，我覺得挺有面子。臨時起意帶小輩上百貨公司的美食街吃飯，獲得的享受卻完全不輸知名大餐廳！

位在百年老宅裡的東京芝餐廳。沒想到在寸土寸金的東京，竟然還有這麼寬敞的一處洞天！

另有一回，也是去年，朋友在東京請我吃高檔的日本料理。那樣難能的體驗，讓我在大開眼界之餘，對料理世界的博大精深，又有了更多的認識。

當天，天氣非常好，微冷的空氣中有著早秋沁人心脾的舒爽。那間名爲「東京芝」的日式料亭位在東京鐵塔下方，是間專門吃豆腐料理的店。

一走進去，我便不由得驚呼，想不到在寸土寸金的東京，居然還有這麼寬敞的一處洞天！

那是古意盎然的百年老宅，我們在服務人員的導引下，沿著小路、穿過長廊，優雅古典的氛圍，讓人連呼吸都不由得小心翼翼。

我們一行五人，被帶到了一間寬敞雅致的房間，正對著庭院中的櫻花樹。另有幾株紅葉，伸展著青春的姿態……眼前景象眞是讓人心曠神怡。據聞，就算某組客人只有兩、三位，店家依然會給房間，且每間房間都能看到庭園的景致。

這樣的一處美食殿堂，食物本身自是無庸置疑的好吃。其中最令我印象深刻的是一道豆腐。

正紅色的漆碗中，盛著七分滿的豆漿；在豆漿中心，端置著一塊豆腐。還未舉箸，視覺上已是無上享受，遑論之後將豆腐送入嘴裡……那份綿密、細緻，無法一語道盡的口感，配合著豆漿的滑郁，更讓器皿中的珍饌顯得與眾不同。

我的口腹與眼睛、心靈，同時受到款待，人生眞美！

除了賣點的豆腐，此店的生魚片……乃至甜點，無一不美味。雖價格不便宜，
但若以各方面條件評之，實在是無可挑剔啊！

東京芝餐廳擅長豆腐料理，尤其左上方那道豆漿豆腐，更令我印象深刻。

這次難能的體驗，讓我對料理世界的博大精深，又有了更進一步的認識。

獨具慧心，處處皆美

選定一家落腳後，不必再搬遷，日日都能舒舒服服、好整以暇的出門玩耍。

去日本旅行，我有些朋友喜歡嘗鮮。聽說哪裡有好飯店，就不辭辛勞的訂房、投宿。也許短短一段旅程，卻連住好幾家不同的飯店。每天拖拉著行李，上車、下車、步行、Check in、Check out……

我可沒這麼大的體力！於是老被朋友笑話：「眞沒冒險精神！」

我比較偏好定點住宿；尤其天數不多的行程。選定一家落腳後，不必再搬遷，日日都能舒舒服服、好整以暇的出門玩耍。

新穎豪華的飯店固然好，但有口碑的老字號飯店，端的是多年不墜的聲譽及品質，服務到位，氣氛古典。若能位於交通便捷之地，就更是大大加分。

新宿的凱悅飯店（Hyatt Regency），就是這樣一家讓我每去幾乎必住的飯店。截至目前，應該已經住上十來回了。

凱悅飯店就位於新宿都廳旁。雖然距離車站不算遠，但爲顧及旅客多半攜有行李，多年來，飯店始終很貼心的備有往返新宿車站的接駁巴士，每隔二十分鐘一班。每當我在周邊城市賞玩一天回來，只要在新宿車站旁的小田急百貨前稍候（有時運氣好，甚至連等都不用等，才剛到站牌，飯店的車已悠然進站），便能氣定神閒被載回居處。旅途中尤怕疲累，接駁巴士的設置，真的十分人性。

飯店大廳高懸著三盞巨大無朋的水晶吊燈，據聞已有五、六十年歷史，早成凱悅飯店的招牌景觀。超級龐然的尺寸，無論從下抬頭仰望，抑或乘電梯自高處逐層俯瞰，其華麗精緻，眞眞不在話下。多年前，我還曾遇上工作人員將水晶燈卸下清洗的場面，非常壯觀。從近處看，那三盞吊燈，更是大得無法形容。躬逢其盛的我，只能說「除了幸運，還是幸運」。

飯店周邊風景，很值得推薦，有時間的話，不妨散散步。前有新宿都廳，氣勢雄渾。我尤其欣賞建築師以紙門窗的意象，設計出都廳的門面。在堂皇莊嚴之外，別有日式精神。

飯店背面的公園也很精采，平日賞景，週日則有跳蚤市場可逛。我曾在某回旅程中，與孫越夫人在此買過一只手提包，黑色皮質，外型酷似名牌凱莉包。重點是，這個維持保養得非常好的二手寶物，折合台幣竟只要兩百多元。孫夫人一開始還在唸叨著：「幹嘛買啊！」後來愈看愈同意我眼光不俗，也深覺物超所值。

投宿凱悅飯店時，我喜歡早早起床，到公園裡散個步。三月末四月初，有數株

櫻花開得甚美。即便不是花季，庭園之美也很值得細覽。一面呼吸著清晨的空氣，一面向鳥兒們問好，愜意歡快實非筆墨足以形容。

旅程中的悠閒與寧靜，其實唾手可得。在大都會的一隅，只要自己獨具慧心，便能處處有景有回憶。

令人感動的服務精神

那杯黃澄澄的鮮搾果汁，瞬間打翻在我的新洋裝上！

日本人的服務態度，舉世知名的好，去過日本旅遊的讀者想必都知道。有時候與朋友們閒聊，大家交換的感動經驗總是形形色色、不一而足。講到後來往往是一句「唉！人家日本啊！」作結，心底除了佩服還是佩服。

然而，即便連我這種造訪日本次數已多到算不出來的旅人，對於日本人看待「服務」的貼心與周到，竟然仍常處於「驚嘆」狀態，那就不只是「佩服」足以形容了！

就說此番二〇一四春末的四天三夜小旅行吧。旅程初始，我在某品牌女裝店買了件洋裝。款式簡單，我愛不忍釋，等不及回台，便在第三天的旅程中穿將起來，興沖沖與朋友去伊勢丹百貨喝茶。

我嘴饞想喝點營養的，於是點了一杯紅蘿蔔、蘋果、薑汁的混合果汁。整杯果汁黃澄澄的，好不鮮豔。剛啜了一口，想起有個電話得打，便拿出手機，撥回台北。

電話那頭是我熟識的店家。我身上這件洋裝的品牌，他們也有代理，所以我想問問，同款洋裝在台北有沒有販售？價格不知是否較爲便宜？

爲了讓對方看清款式，我用手機自拍上傳。店家看了回說沒進此種款式，還不忘讚美我買得眞是合宜好看。

說笑間，許是我一個手滑或閃神，那杯黃澄澄的鮮搾果汁，瞬間打翻在我的新洋裝上！

簡直不能更慘！新洋裝是米色的，完全沒有遮掩的能力。那一大片鮮黃的汙漬，讓我與朋友都傻了眼！要是知道我前一天才剛買，餐廳裡其他的日本客人與服務生，恐怕更不知要發出多少聲驚呼了！

呆愣了幾秒，草草結了帳，我們立刻衝出百貨公司，跳上計程車，直奔我買洋裝之處。

心裡僅存的一線生機是，店家也許會說「我們可以處理，這種情況所在多有」之類。然而事與願違，店家見了我的慘狀，萬分抱歉的迭聲說：「我們只有販售，並沒有替客人清洗的服務。」他們一再對我說對不起，從他們的表情看來，妄想清除那汙漬，幾乎可以肯定是不可能的！我一面可惜這件漂亮的新衣；一面只得將另一件同款的黑色洋裝買下，換掉身上引人側目的衣服。

然後，又在晚餐前，急急回到飯店。

我幾乎一刻也不能多等，直奔大廳櫃檯，拿出我的洋裝，詢問櫃檯人員：這可以洗得掉嗎？又表明我次日要回台北，十點半得離開飯店，不知時間上是否趕得及？

櫃檯立刻幫我連絡洗衣部，對方說可以收件。於是他們將我的衣服送走，並請我回房等候。

回房沒多久，電話來了。洗衣部的人說，他們願意幫我處理看看，但不能保證汙漬能全部去除。我謝了又謝，心想也只能姑且一試了，能救回多少算多少吧。

第二天早上九點，那件送去「急救」的米色洋裝被送回我手上。讀者諸君啊，當我看到它被清洗得乾乾淨淨，完全看不出昨天那場劫難時，您可知，眞是感動得眼淚都要落下了啊！

我謝了又謝，飯店人員連連鞠躬回禮。看著他們臉上喜悅又自信的神態，心中對日本人「竭心盡力」的服務精神，重重的、實實在在的，再次驚嘆啊！

我說一起吧，她很堅持的說不行，好像跟客人同撐一把傘是莫大的不敬。

只求那一聲驚嘆的「哇！」

請朋友吃飯，說穿了，不就只求那一聲驚嘆的「哇！」嗎？

我珍愛朋友，喜歡爲朋友帶來快樂。有些事不必花什麼錢，只需要一些巧思，這我當然會做。然而也有些事，不花錢就難以辦到，比如：一頓餐廳的美食。

如果這餐廳遠在國外，又是名聞遐邇的星級美饌，想當然耳，就非得是自己百分之百認爲物超所值的「驚喜」才成了。

東京日本橋有一家「Restaurant Sant Pau」，西班牙料理，是我給朋友超值驚喜的首選。自從去過一次以後，從裝潢、餐點到服務態度，這家餐廳在我心中都留下了難以磨滅的極佳印象。

猶記得第一次去吃晚餐，是出國前早早便慕名訂的位。吃得我心滿意足、無可挑剔。臨離開前，請餐廳人員替我叫計程車。

他們本來請我在室內等候，但我心想車也許快來了，便提了包包走了出去。

不想外面正下著雨。在為我等計程車的那位餐廳總領班，一見我出來了，趕緊撐著傘快步過來，溫柔的笑著將傘遞了給我。

我說一起吧，她很堅持的說不行，好像跟客人同撐一把傘是莫大的不敬。然後她執意回到細雨中，繼續替我等計程車。

那樣一個細雨紛飛的夜晚，街角的光線柔和的攏住沒有撐傘的那位日本小姐，她的頭髮挽了一個髻，穿著餐廳的制服，雖然淋著雨，神情卻十分怡然，身體的姿態也一逕維持著優雅。在車來以前，我的目光一直為她呈現出的雅緻所吸引。直到我上了車，她仍在細雨中對我鞠躬揮手，那優雅美麗的身影、那溫暖貼心的舉止，實在讓人難忘。

印象太好，所以當此番小旅行一訂下來，我就想，輪到我請的那一餐，當然要讓我的好友們到這家西班牙餐廳，感受一下！

果然，一踏進那洋溢著濃濃西班牙風情的餐廳，朋友們就已經開始「哇！」了。

餐廳位在二樓，沿著紅色皮質包覆的扶手進到餐廳裡，眼前是酒紅色的牆壁。牆上掛的畫也都是經過慧眼挑選，不但優雅脫俗，且讓整個室內熱情中自有沉靜。

麵包一上來，我對朋友說，絕不能錯過他們的橄欖油，結果朋友們欲罷不能，一塊接一塊。費心制止大家，怕後面的主餐及甜點吃不下，竟被回以：「沒辦法，停不下來，實在太好吃了！」

美食焉能沒有美酒相襯？我們點了一瓶好酒，又是一陣滿意的讚嘆聲。

擺盤，無庸置疑。其中一道，葉形的玻璃盤上，一圈圈金色細絲如連漪盪漾，中間只放上一點點的美食；視覺與味覺同時得到了犒賞！

羊排、魚、蝦……我從朋友們滿足的臉上，得到了滿滿的成就感。

餐後甜點多達六道，而且個個精美絕倫。在他們真的吃不下時，終於首度露出了貪食麵包後的懊悔表情。

臨走，我問餐廳是否可以讓我帶些麵包回去？餐廳說每日麵包都是現做，只能明天送到飯店。

感人的是，次日早上九點半，就在我離開飯店前往機場前的一小時，餐廳的麵包送到了。當日出爐的，小小一塊麵包，包裝得當當心心的，小心翼翼的被送到了我的手上。

這等人情，也只有日本有啊！

不只是朋友，即便是我自己，也忍不住要「哇！」了。

在日本「回家」

而眼前這間，窗外，便是櫻花樹的樹梢！

人與人的緣分，奇妙自不待言。人與房子之間，何嘗不是有著奇妙的緣分在牽引著呢？

二〇一四年四月，我與朋友到東京小旅行。很悠閒的行程，隨處走逛、吃美食。有一天，我們信步來到六本木的一條小街，滿地都是新落未久的櫻花，粉紅的嬌顏在地面上織就出一張長而絢麗的地毯。路的一側是新穎漂亮的大廈。可以想見櫻花盛開時，那夢一般的景象……

我嘆口氣，無限憧憬的對朋友說：

「如果能在這裡有間房子，不知道有多幸福！」

畢竟是個聽來遙不可及的夢想，所以說完我也就忘了。

六月，我又去了一趟日本，亦是天數短暫的小旅行。有個剛好也在東京的朋友打來，在電話那頭興奮的問我：

「麗穗，明天有事嗎？陪我去看房子好不好？」

我反正沒有既定行程，便欣然應允。次日，先與朋友見了面，接著朋友的友人便帶著我們看房去！

房子聽說是在六本木。抵達之後，我幾乎要叫出來！沒錯，就是兩個月前我與朋友行經的那一區；沒錯，就是盡得天時地利的那一棟大廈！

這不是緣分是什麼？

我們隨著專人，進入大廈的內部參觀。日本人講究細節，房屋內部自是充滿著人性化的設計，我們邊看邊在心中暗自嘆服（買屋看屋不能顯露心意的教戰守則，即便到了國外，還是謹記著）。

朋友財力雄厚，中意的是大坪數，我陪著進去看，氣派豪華真是不在話下。然而於我而言，十來坪的空間，已然十分舒適。如果想在東京周邊有個家，以後來日旅行不必再花錢住飯店。那麼，一個小巧溫馨的居處，更能吸引我的停駐。

看完大坪數，我們被帶到一間小坪數的門前。導覽先生在開門前說，這間雖然坪數不大，但窗景非常棒。然後他便開了門。

一見鍾情！我只能這麼形容自己當下對那間屋子的感覺。

猶記得四月在櫻花樹下嘆息時，我與朋友仰頭看著繁華落盡的樹梢，我心裡的台詞是：「要是剛好住在樹梢上方，每到櫻花季節，不知有多美！」

而眼前這間，門開處，第一個跳進眼簾的，便是一排面對馬路的窗；窗外，便是櫻花樹的樹梢！

這緣分，還能怎麼巧？

而且，它剛好是我理想中的十幾坪。

日本的房地產有個不同於台灣的最大優點：他們沒有公設，所以講的坪數完全是實坪。這麼一來，十幾坪其實對偶爾的度假生活，已經綽綽有餘了。

一種イ1号5側

實在太喜歡，回國後馬上跟先生商量，接著又擇日陪先生再去看了一次，他也覺得好。於是，我們便決定買下這間六本木的小房子。

像我這麼喜歡日本、每年總要在不同時節到日本走走的人，能在這般意想不到的機緣下，讓一句在日本說的癡人說夢玩笑話成眞！我，夫復何求！

買下六本木的房子之後，近一年來，我跑了日本好幾次。與以前純旅遊不同的心情是，如今的每一回，都是帶著圓夢的心情。小自室內拖鞋、鍋碗瓢盆；大至沙發、地毯、燈具，逛街購物再也不只是一時的愉悅，而是可以長久發酵的快樂！

一間小小的居所，一個日本的家！之於這個我向來深愛的國度，從此我不再只是過客。

這般巧妙又美麗的緣分，眞要細究起來，還是起始自旅行啊。因爲旅行，我與這條六本木的櫻花道有了初次的邂逅；因爲旅行，我得以遇見我美麗優雅的小房子。

此外，也要謝謝我的好友。因爲她的牽線，我得以有機會看見這個家；也因爲她先買下同棟大坪數的房子，我的家才可以獲致更好的優惠。

正如我前一本書所說，旅行，是我自生活中「出走」；而今，亦正如我此書的最終旨趣：旅行，是爲了「回家」。六本木的蝸居，不就是一個「回家」概念的實踐嗎？

Part 6——

旅行・生命熱忱

旅行的意義不斷改變

能買的、可以買的、不買可惜的，想方設法的帶回家來。以至於東西愈來愈多，很多時候甚至會忘了自己到底曾買了什麼！

這些年來，我的旅行態度不斷在修正、改變。隨著年歲增長與旅遊經驗的累積，看待旅行的重點也益發不同。

最明顯的改變，就在「吃」與「買」。

從前的我，絕對無法想像甚或苟同一場只爲「美食」啓程的旅行。也許是昔時年輕，也許因爲經濟條件並不寬裕，總覺得「就算再好吃，不也是吃完就沒了？」，這樣算來，煞是浪費。

旅行中的「買」，則正好相反。從前的我，每到一地，興奮莫名，看到什麼都不想放過；心裡總有個「那麼便宜（或那麼特別），不買豈不可惜了！」的聲音。能力所及，買！力有未逮，徒嘆無奈！總之一出國，能買的、可以買的、不買可惜的，想方設法的帶回家來。以至於東西愈來愈多，很多時候甚至會忘了自己到底曾買了什麼！

其實，這才是「可惜」；這才叫「浪費」。

十數年之後，旅行的修爲進入另一個階段與層次。關於吃，我開始懂得美食之難能，也因涉獵漸豐，味蕾的訓練益臻成熟，明白了眞正的美味絕不是「吃了就沒了」，而是能夠長駐於心的感動。所以我會爲了久仰其名的美食飄洋過海，然後用我的眼、腦與心，記住吃的喜悅與幸福。

關於買，我漸漸收起了那份害怕「不足」之心。我不再將計較的觀點置於金額之上，而是清楚算計此物的歸處。如果思前想後，仍然無法塵埃落定，就表示這東西不是非買不可，就算再便宜，我也會對它說聲再見，痛快捨離。

更大的進步是，我漸漸少於買給自己，慢慢變成買給別人。

不爲特定目的的購買，更有巧妙的趣味。在旅程中，碰巧遇見某樣適合朋友的物件，只要它不大，方便收進行李箱，我便樂於將這樣的驚喜從國外帶回來。

比如二〇一二年，我去荷蘭，同行的朋友們大買特買，我卻心如止水。只在路過當地一家小店時，買了好幾包圖案特別的餐巾紙。一來此物在我家確實使用頻繁，二來因爲是荷蘭設計師的創意，花色十分特別。

這眞的是我荷蘭行唯一的戰利品。

臨離去前，已辦好登機手續的我們，在登機口旁的賣店，又逛了逛。就在這兒，我相中了兩只琺瑯杯，圖案也很特別。見到的當下，我馬上想到早年自軍旅出身的好友孫越。想來這帶有濃濃懷舊味的琺瑯杯，應該是份溫暖的禮物。於是將兩只杯買了下來，帶回國，送給孫越伉儷。

於我而言，旅行的意義在歲月中不斷昇華。我能夠改變，願意改變，不啻是一種福氣吧。

與旅伴相處的微妙

旅行是突顯細節的最佳時機，而細節，最是考驗。

多年前聽人講過一句話，不是什麼佳言懿句，卻堪稱至理名言。但凡旅遊經驗稍微豐富一些的人，應該都能心有戚戚焉吧！

「跟好友翻臉的最快方式，就是一起去旅行！」那句話是這麼說的。

我甚至聽過朋友的朋友的慘痛經歷：與大學至交到歐洲自助旅行三個月，行程不到一半已然鬧翻，餘下的旅程變成各走各的。出國時開開心心一起搭機，回國時卻是分道揚鑣，各搭各的飛機，各走各的路。最慘的是，多年好友，只因為一次旅行，就此恩斷義絕，此後再不連絡，形同陌路。

問題出在哪裡？

相較於日常生活，出門在外的旅行更容易暴露一個人的處事習慣與人格特質。好朋友長時間處在「互相包容、互相遷就、互相忍讓……」乃至終於「互相看不慣」「互相厭煩」。旅行是突顯細節的最佳時機，而細節，最是考驗。

朋友可以反目，家人呢？

我就曾經因爲旅行中一件極其微小的事件，與女兒有過不快。當時我們在加拿大，多日的旅程之後，彼此都有點累了。某天下午我們進了一間當地的咖啡館。一樓客滿，我下樓到地下室坐，女兒排隊點東西。排了很久之後，她端著飲料下來了。

「這巧克力好溫喔！」啜了一口熱巧克力，我難掩失望的脫口而出。

女兒的臉倏地垮下來，她接過飲料，氣呼呼的上樓重新排隊，等加熱了再端下樓。對我說話的口氣，明顯的不高興。

女兒一直是我最好的旅伴。無論去哪裡，有她相陪，我總覺幸福。那個氣氛轉壞的當下，我心裡也很不是滋味。自己又沒說什麼了不得的重話，大小姐妳生哪門子氣！

但轉念一想，不對。那麼多天的旅行，我累，她當然也累了。然後她還得排上老半天的隊，點了飲料，小心翼翼的走下那有點陡的樓梯，交給我。這樣的情況下，我一句聽來挑剔的「不夠熱」，想當然耳會讓人覺得委屈啊。遑論還得回到隊伍中，重新請人加熱我的巧克力。煩瑣又累人的程序，不知又讓旅行的疲累感加重了幾分！

話說回來，已經在郵輪上溫馨共處了一個星期的我們，旅程已近尾聲。如果只因爲這無心的誤會，毀棄了七、八天來的美好，又是多麼可惜與不值！

於是我對女兒說，這趟旅行，風景那麼美、氣氛那麼好，我每天都在感謝天賜的恩典；可是現在，因爲一杯熱巧克力，感覺卻像從天堂掉到地獄。

「我們都累了，」我說，「一時的情緒掌控不住，所以對彼此的態度可能都不是很好。妳可以跟我說樓上的情況啊，告訴我人很多，媽媽妳就遷就著喝好嗎？我也就不會搞不清楚狀況還要求。我不想彼此臭著臉走完餘下的旅程，那樣太對不起對方也太對不起自己了！不是嗎？」

女兒點點頭。畢竟貼心，母女倆沒多久便又回復了心無芥蒂的情境，愉悅惜福的相偕完成了美好的旅行。

不是說嗎？「親暱生狎侮」，朋友、親人莫不如是；尤其旅行更容易體現這句話。怪不得有人說，比同居更能看出兩人是否適合在一起的方式，非旅行莫屬啦！

幸運得來的免費美食

如果只是畫，倒也罷了。當此「畫」入口，才真是令人難以忘懷的饗宴。

好友從美國打電話來：

「我有三天假，咱們去香港走走怎麼樣？」

說到香港，在我心裡始終是個浪漫的地方。有山有水，新舊並容，懷古與時尚兼俱。只是，早些年我常因公事，動輒便得到香江出差，去得多了，不免會對許多景物少了新鮮感，好山好水擺在眼前也是浪費。還好近兩年我已少去，所以當朋友興致勃勃的提出這樣的邀約時，我連半點猶豫也沒有，欣然應允。

更何況，好友用頂級美食利誘我。

「最近賺了點錢，」她說，「我請妳去吃『龍吟』！」

我的天，「龍吟」耶！其乃米其林三星的日本料理名店。東京那間據聞要在數月以前預訂。既然可以到香港開葷，又不必自己出錢，焉有拒絕的道理？

於是，三天兩夜香江行的第一晚，我便完全臣服在美食的麾下。

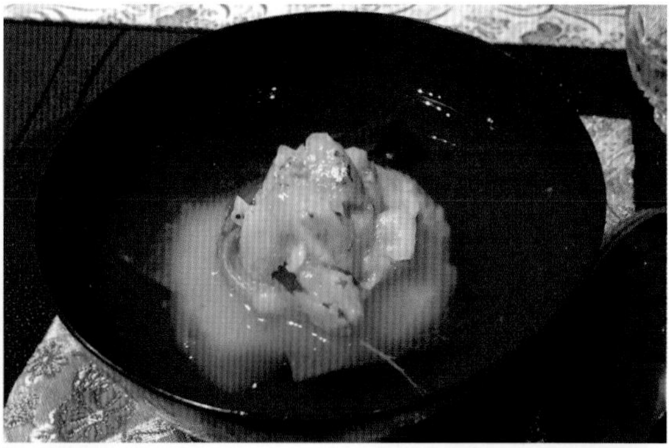

龍吟餐廳的菜餚道道新鮮美味，細膩完美的擺盤藝術，使每道料理都像一幅畫一般。

唉！該說什麼好呢？既是三星，食物之新鮮美味，自是無庸贅言；但最讓人對「龍吟」驚嘆甚至感動的，是細膩完美的擺盤藝術。

其中最令我嘆爲觀止的一道料理，只見一只洋梨，優雅的立於細巧精緻的玻璃缽正中。洋梨是嫩藕色，襯在透明感十足的玻璃器皿上，恰如其分。缽底水紋狀的雕花，從洋梨下方伸展出來。我用手機拍下這幾乎令人不忍食之的美食，傳給朋友。朋友回傳一句驚嘆，問我：

「那是一幅畫嗎？」

如果只是畫，倒也罷了。當此「畫」入口，才眞是令人難以忘懷的饗宴。

原來，那只洋梨的外殼，上桌之前，竟被冰凍於零下九十度的極低溫中，是以呈現出一種既硬又脆的口感。當打成稠泥狀的洋梨果肉被送上桌時，再將脆硬的洋梨外殼敲碎，混以食之。冰與熱、脆與軟；無論口感與溫度都在豐富多變的層次間堆疊跳躍，簡直不是「好吃」能形容了！

而出乎我意料的是，第二晚的美食，竟然也是免費的！

說來有趣，我本來爲了禮尚往來，出國前便訂好了另一家三星餐廳「侯匈」，打算在香港的第二夜，好好答謝朋友請吃「龍吟」的美意。想不到朋友竟臨時給我出考題！

「我出個題目，如果妳能答對，明晚不用妳出錢，一樣我請。」朋友發下豪語，一臉算準我答不出來的表情。

老實說，這賭注挺棒的，答對了，我賺到；答不對，我本該付出，也沒什麼好損失。

朋友說，之前中國的有錢人，一窩蜂的買黃金；現在則是瘋著買美國的房產。有三個城市最得中國人青睞。一是紐約，想當然耳，國際大都會，房價只會升不會跌；二是洛杉磯，因爲氣候宜人，不冷不熱，甚得東方人喜愛；三呢？

「妳猜猜看！」朋友笑意難掩。

「該不會是……」我其實也沒十足把握，只能用現有知識推測；「底特律吧？」

此語一出，朋友臉上驚愕的表情馬上說明我答對了。「妳居然猜得到！」她說，仍然難掩驚奇。

這下輪我得意了。

底特律原是個汽車工業城，後來經歷了破產，直到現在開始經濟復甦。在我的想法裡，有錢人若要投資房產，還有哪裡比底特律更具成長空間？

謝謝底特律，謝謝香港，謝謝我的好友，我竟然連吃兩晚三星美食，卻一毛也沒花啊！

無心的出糗，有意的任性

想也知道，我們這群「老外」做了不該做的事，人家氣急敗壞的趕來說「NO」啦！

有時候，即便旅遊經驗豐富如我，也難免在旅程中，做出魯莽的事。

比如有回在冰島，冷得要命。我與旅伴們見到有處天然溫泉，景色超棒，可以讓人穿著泳衣泡澡。我們只是經過，哪裡會帶著泳衣！然而泡澡不成，泡個腳總聊勝於無。低溫中未及細想，大夥便喜孜孜的撩起羽絨衣的下襬，捲起褲管，脫去鞋襪，將兩隻腳泡進熱呼呼的溫泉中。

在有人出聲說「不行」以前，老實說，寒風中的冰島溫泉從腳心往上竄……眞是舒服啊！

正當我們自以爲發現「好康」而開心的當口，有位管理員模樣的先生，表情極其嚴肅的邊出聲制止，邊往我們跑過來，雖然聽不懂他口中嚷嚷的究竟是什麼？但端看那態勢，想也知道，我們這群「老外」做了不該做的事，人家氣急敗壞的趕來說「NO」啦！

冰島的天然溫泉，可不是隨隨便便就能下去泡腳的呢！

分不清究竟是天氣太冷還是太丟臉，總之我的臉，刷一下的就紅到了耳根。

遇上這種狀況，我臉皮薄，因爲覺得自己無知。但話說回來，也有另一種情形，仗著自己經驗老到，我又會十足厚臉皮，老神在在的我行我素！

好比有回在香港機場，距離登機回台北還有一小段空檔，我立刻決定要去「翠華」吃一碗我最愛的魚蛋河粉。翠華是機場裡的港式餐廳，他們的魚蛋河粉我百吃不膩，湯頭鮮甜、魚蛋（就是我們說的魚丸）又是剛剛好的彈牙；不是加了太多硼砂的那種脆。正因爲太喜歡，所以我每回離港前，幾乎都得去「翠華」報到。好像不吃上一碗那心心念念的美味，整趟香江行就白來了似的。

問題是：我老神在在，同行的朋友可急死了！朋友是行事謹慎的人，深怕我們會趕不上

登機時間。加之以我們的登機門又排在非常後面，距餐廳有好大一段路，朋友好說歹說，幾乎快生氣了，就希望我別吃那碗河粉。

「不行啦！」我說。「你讓我吃了我的河粉，我保證我們趕得上！」

結果呢，我河粉也吃了，心滿意足；登機時間呢，也趕上了，甚至還比很多人提前呢。

因爲我有「偷吃步」！

我搭了那種穿梭在機場內，運送行李的小車。快吃完的時候，我請餐廳櫃檯打電話幫我「叫車」，花了六十元港幣（約合台幣兩百四十元），我與朋友就這麼坐上去，一路超越徒步的旅客，暢行無阻的被安穩送到了登機口。

我承認，這不是什麼值得鼓勵的行爲，而且我必須再三聲明，我可不是動輒如此，平常都是乖乖走到登機門的。那一回眞是例外，因爲嘴太饞，時間又緊湊，不得已才出此下策。

只是，相較於前面說的冰島「泡腳記」，香港機場裡的「搭便車」，我倒是臉不紅氣不喘，絲毫未有丟臉感就是了。

我的心，醉了！

有那麼一晚，我與先生下樓小酌。那個晚上，真是清風如詩景如畫。

旅行的心情，有時成就於風景，有時成就於美食，有時成就於旅伴……有時，只成就於自己。

我常去日本鄉下旅行，極其高檔的溫泉旅館我住過，美食與設施自是無庸置疑的好。平均一晚兩千至三千日幣的日本農家民宿，我也住過。那眞的是樸實清幽的鄉村，猶記得，步出室外便是羊腸小徑，吃的都是院子裡自家栽種的當令蔬果，新鮮欲滴。民宿環境雖然簡單，但因爲處處乾淨，住起來其實頗爲舒服。甚至可以說，一路延伸至城鎮都不見髒亂。不說別的，最能瞧出端倪的「洗手間」，無論城市抑或偏遠鄉村，都只有乾淨可以形容。

乾淨，已經成爲日本的文化了。

如果行程允許，我通常會在新宿住上兩晚。有專車往返於車站載客的凱悅飯店，是我十分喜愛的投宿點。

有時，特別乾淨的是心情！

比如二〇一四年夏初，我與先生難得的兩人小旅行，在六本木住了兩晚。凱悅飯店一樓的露天咖啡座，布置得十分優雅。一支支的戶外大陽傘，撐起一種半隱蔽的浪漫。

六月初的天氣，不冷不熱，很是宜人。有那麼一晚，我與先生下樓小酌。那個晚上，眞是清風如詩景如畫。只見每張桌上都點起了蠟燭，燭光搖曳，樂聲悠揚。

先生知道我不太能喝，便只點了兩杯紅酒。不知是否氣氛使然，還是那支酒實在順口。在此之前，從來喝不完一杯酒的我，那個晚上，難得的把一杯紅酒飲盡了，而且絲毫不覺勉強。

旅行中，另一半在自己身邊，畢竟是更加安心的。安心、愉悅，連空氣都變得溫柔起來。那一杯紅酒眞是天時地利人和。我與先生就這麼安靜的坐在傘下，啜著紅酒、欣賞著來往的行人，偶或聊個兩句……

我知道自己沒醉，畢竟只有一杯，而且喝得並不快。倒是那氣氛，我清楚感覺：

我的心，醉了！

完美旅行的要件

可惜，好運氣可不是每次都與我同在的。

想看世上難得絕景，「運氣」絕對是不可或缺的成敗關鍵。

就像我在上一本書《出走》中寫過的，女兒曾在阿拉斯加的冰岬出海看鯨魚，結果她運氣好到不但近距離看到好幾隻，甚且還清清楚楚目睹了牠們張大嘴吞食鯡魚群的驚人盛況！那趟旅程我沒有參與，後來聽她說起，偏偏女兒又描述得活靈活現，我聽得豔羨極了！卻只能暗自祈求，等輪我去阿拉斯加賞鯨的時候，也能有這般好運，與我最愛的龐然生物，在藍天碧海間共同徜徉！

我不是沒有看過鯨魚，以我對阿拉斯加的熱愛，我又去過那麼多次，當然也賞過不少次鯨。但正因爲鯨魚太美、太難得，每次與牠們相遇的感覺都不同，以致胃口就愈養愈大，希望次次都能有不同的驚喜。

可惜，好運氣可不是每次都與我同在的。

二〇一二年我去阿拉斯加，運氣就不好。一樣是在朱諾，我花了一百七十五美金（含一餐），乘船出海看鯨。

搭直升機遊冰河，還得簽切結書！但旅行中的我，什麼都不怕！

賞過不少次鯨，卻也不是每次都有好運為伴。

失望至極！

首先，鯨魚與我們的船之間，距離遠得不像話，只隱約瞄到不清不楚的噴水；再來，也沒有遇上鯨魚群，只有兩、三隻，還是遠到不行的兩、三隻，所以根本等於沒看到。

還好，白天賞鯨不順利，晚上搭直升機遊冰河，倒還算圓滿。

我訂到的是當天最後一班直升機，七點鐘。五個旅伴裡只有我和另一個朋友參加，其他人因爲覺得危險而放棄。於是我們先搭巴士到機場，上飛機前要先量體重，還得簽切結書，然後在你自己的鞋子外直接套上工作人員給的雪靴（靴底有釘子，可牢牢抓住地面）。一切就緒，登機！

若不在旅程中，而是尋常生活裡的我，膽子小得可以！怕颱風、怕地震；尤其後者，地震來時我是那種會在家中原地亂轉，驚惶失措不知如何是好的人。你很難想像這樣的我一進入旅行就像換了顆心臟，什麼都敢嘗試、什麼都敢挑戰。

從飛機上俯瞰，如今的冰河殘貌真讓人感覺步步驚心。地球暖化的速度，遠遠超出你我的認知。我眼見原本厚實壯闊的無垠冰河，現在變得薄弱殘破，而且明知它還會繼續消蝕下去……心裡的痛，真不知怎麼形容。

飛機下降時已經九點，天色昏暗，又下著細雨，我的心裡，浮現出害怕的感覺。所幸平穩的降落了，我對自己此番付出的勇氣，又給了滿意的答案。

我們在一間工作人員駐紮的小屋躲雨，在那兒透過朋友的翻譯，與一位打工的年輕人聊了一會兒。那年輕人就讀阿拉斯加大學，他說，一個假期在此打工的錢，足夠支付他整整一年的學費與日常花費。我們坐在小屋裡，屋外的雨下個不停……

望著窗外的雨，我更加明白——運氣，真是旅行的要件啊！

大自然的震撼與啓示

其實，整個人生就是旅程；整個生命就是旅程。

這些年，只要生活中一有空檔，我幾乎都在旅行。最好的時光，最好的體能狀態，我全都無悔的賦予了一次又一次精采的旅程。

我一直自問，什麼叫「旅程」？其實，整個人生就是旅程；整個生命就是旅程。這也是我後來汲汲營營於旅行的原因。未曾愛上旅行之前，我所能受到最大的感動，多半來自人爲的文化與藝術；熱衷於旅行之後，大自然帶給我的震撼，卻遠遠超越了我能想像的地步！

每每有人問起，遍遊世界，最愛何處？我總會不假思索的脫口而出：「阿拉斯加」！說時還帶著難掩的驕傲，彷彿身爲地球的一分子，有幸親眼得見那絕美的景致，是多大的福氣！

身爲一個旅人，這許多年來，我在世界各地來去，親眼見識、親身體驗地球樣貌的變遷，內心的感觸，實非「焦灼、傷心」可以形容。

過去搭飛機往來世界各地，氣流多半平穩，隨便一點小波動便讓我心驚膽顫；

而今，地球暖化，海水被太陽蒸發，導致雲層既多且厚，造成氣流不穩，動輒大風大雨。我可以十分明確的感受到：遇上氣流不穩的頻率，遠遠超出以往；機身晃動的情況也大得多。然而，在此等狀態下練就的「處變不驚」，實則意味著什麼？我們究竟需要如何窮究心力、身體力行，才能留住這美麗的星球？

世界各地天災頻傳，二〇〇四年，南亞大海嘯襲捲印尼；二〇〇五年，卡崔娜颶風重創美國紐奧良……近幾年，內蒙草原幾乎年年雪災，且災難性更甚過去。而二〇一二年，暴雪幾乎癱瘓了美國大城紐約、費城、波士頓。東歐、中歐各國如斯洛伐克、保加利亞也深受雪災之苦，日本更不用說，許多地方降雪量是往年四倍。最令人警覺的是，阿拉伯聯合大公國竟也遇上低溫，致使北部近阿曼山區不僅結霜，甚且降下瑞雪！沙漠地區竟銀白一片，豈不讓人心驚！

而我的最愛阿拉斯加，這些年更如一位急遽衰老的美人，原是萬年的冰帽，竟已斑駁花殘。

當我去到北極，站在世界的頂點，也是美國最遠一塊土地「貝羅」上，仍然沒有見著北極熊。這龐然的生物，正爲了牠們賴以生存的環境與食物而艱苦奮鬥著。過去環保人士疾呼的正負二度C，而今科學家已修正說法爲：二〇五〇年之後，地球溫度將上升五度C，海水將升高一公尺。此說若成眞，你可知我們這美好的大地，還會剩下什麼？

而今才知道，過去的旅程中，那些引人驚豔的美景、那些出現頻率高到幾近尋常的野生動物，眞的是成就了我人生難能可貴的福氣。只因才不過十數年光景，所有渾然天成的寶物，都演變爲「稀有」、甚至「絕跡」了！

這世界，怎是一句「焦急」可以拯救的啊！

親身領略造物的神奇

因為旅行，我不但是眼見為憑的大開了原本狹隘的視野，更在不斷的驚異與驚喜中，知曉了最簡單卻也最難懂的真理。

從前在阿拉斯加路邊，近碼頭處，輕易便能遇見嬉戲的海獺。舉頭望向山脊，加拿大盤羊優雅的身影清晰可見。而在我們投宿的飯店庭院，大角麋鹿就那麼堂而皇之的擅闖。先生見了好開心，以爲是有人豢養的，忍不住上前撫摸，還因此激怒了那頭其實是全然野生的美麗動物，追著先生滿院子跑。眾人見了哈哈大笑，渾然不覺危險。

還有呢，從前去洛磯山脈，看到遠處碩大的棕熊，興奮的下車拍照，警察先生立刻過來要我們進車子，直說這樣太危險……

而今，因爲地球已不再是從前的地球。過冷與過熱的環境變遷，原本「尋常」的動物們數量驟減，眞成了「珍奇」與「稀有」了！

多年前，我曾於旅途中投宿洛磯山脈的路易士湖。那兒的氣候非常冷，不可思議的下著六月雪！來自亞熱帶的我，從未見過下雪的景致。因爲太過興奮，竟不由

自主的手舞足蹈起來，我像個小孩似的原地打轉，仰臉迎接天空飄下的雪花。那一刻，當眞體會到什麼叫「返老還童」啊！

有一日，天才剛亮，我獨自一人從飯店中步出。空氣冷冽，整個氛圍安靜得幾乎像是靜止的。我慢慢的走向湖邊，近看那山壁上的岩石，直似一塊塊四四方方的木炭，鬼斧神工的堆砌在一起……山色映在水中，美得讓人無法言語。我小心翼翼的走上木頭做的踏板，站在那裡。大自然的天籟將我包圍，不知名的鳥兒啁啾著，樹葉彼此摩挲著……我其實並不能分辨那些聲音究竟來自哪裡，但我的人，卻是愈站愈安靜，愈站愈覺得自己徹底融入了大自然，體會了「天人合一」的感動！

我也曾在冰島，領略過峽灣之美。相較於河流或海洋，峽灣眞的是平靜如鏡，而四季變化的景致，就那麼不可思議的「鑲嵌」於鏡中，眞眞絕景天成！

我更曾在絕高的山巔，見識過凍頂植物的厲害！那些短如絨毛的地衣，卻能養活壯碩的鹿群。尤其鹿蹄與鹿嘴的構造，就是爲了讓牠們扒開積雪，吃到地衣。凡此種種，關於造物的神奇，怎不讓人驚嘆與折服！

因爲旅行，我不但是眼見爲憑的大開了原本狹隘的視野，更在不斷的驚異與驚喜中，知曉了最簡單卻也最難懂的眞理——

世間萬物，不可小覷！

旅行讓我看見的眞相

不是因為旅行，安坐家中的我，是不可能看到真相的。

未曾經過旅行薰陶的我，很「惜命」、很膽小。但當多年前我初次坐上五人座小飛機，飛上高處俯瞰萬年冰河，那世間絕景，讓我了解了生命的眞義。我終於明白，原來看似停滯的冰河，其實是以擠壓的方式在慢慢向前的，而且有著縫隙。那如玻璃般的翠綠色澤，在太陽的照耀下，美得令人無言。

小飛機很輕，高空的氣流很強烈。每有山風吹過，在飛機上的我們就會感受到一陣令人心悸的震動。然而因爲那絕美的景致，我突然之間覺得，自己的生命眞的是微不足道的渺小，地球仍然恆常的轉動啊。

於是我對女兒說：「如果有一天媽媽走了，記得要將我的骨灰帶到阿拉斯加的海上，撒向大海，至少還能給予我最崇敬的鯨魚們一點點養分。」

二十餘年前，當我徜徉在如斯的絕景中，哪裡想得到，那萬年冰帽，竟然會有消蝕的一日！哪裡想得到，因爲整個食物鏈環環相扣的影響，沒有海豹幼獸可吃的北極熊，如今正瀕臨餓死的絕境！當我在二十年後，眞正造訪了北極，親眼見到冰山眞的在以驚人的速度融化；親眼「見識」了北極熊眞的芳蹤杳然！這才驚覺，當年在飯店庭院中，能夠遇見甚且觸摸到野生麋鹿的我們，有多麼的幸運！那種萬物皆在的福氣，而今何處能尋？

科學家預測，二十年內，北極凍土層的融化將到達臨界點。屆時，冰封約三萬年的大量有機碳將釋出，加速全球暖化！

不是因爲旅行，安坐家中的我，是不可能看到眞相的。

又如非洲，我也是因爲親身體會，才能感受他們對於水源的渴求。非洲乾旱日益嚴重，連河馬也快面臨沒水可泡的苦境！我如果只是坐在冷氣房裡看著電視，想來是斷斷不能理解事情的嚴重性的。

又如威尼斯，諸多報導都說，該城正在下沉！但如果我不是身歷其境，在旅行過程中親自踩過威尼斯店家擺在門口讓客人通行的桌子，又怎麼會明白，今日水患威脅這美麗的水都到了什麼地步！

氣候劇烈變遷，糧食與水源短缺，人類與萬物的生存都受到了嚴重的威脅！不久前科學家才通過了一項金額高達一億九百萬美元的計畫，就是爲了強化包括稻米、玉米、小麥、馬鈴薯、香蕉、高粱、豆類等的「農作物種子銀

行」，以協助保護原有物種並研發新物種。這樣做的目的，無非是爲了因應氣候變遷，以及其他威脅（比如糧食戰爭）。

以前吃海鮮，大家總說別吃小魚，要吃大魚。現在大魚不行吃了，改成「吃巴掌大的小魚最好」。問題是，這樣吃下去，總有一天會無魚可吃啊。

人爲的破壞，人爲的奪取，造成我們不斷的在失去。這一向以來，人類並沒有善待大自然賜與我們的豐厚資產，反而因爲自恃爲萬物之靈，居高臨下的看待萬物，對於食物、水源、礦產……幾乎所有一切自然資源，都是以「取之不竭、用之不盡」的態度在揮霍著。

身居食物鏈頂端的我們，只知沾沾自喜，卻未曾意識且警覺，若食物鏈的下端出現問題或斷層，整個食物鏈既是環環相扣，最終影響的還是人類自身的存亡啊！

我有幸能夠旅行，有幸能夠遍遊世界各地，飽覽人間絕美景致。也因爲旅行，我得以親眼見證世界的眞相！我得以走出自以爲是的象牙塔，用不同的眼界、不同的心胸，乃至不同的態度、不同的高度看待人生，看待萬物。

旅行，教育我成長；教育我珍惜！教育我有幸爲人，卻不能忝而爲人！

人與天地的共處之道

你絕對難以想像，人類齊力解決一頭碩大的圓頭鯨，竟然只要三十秒的時間！

愈旅行，愈是能了解保護地球那刻不容緩的重要性。

愈旅行，愈是知道自己所憧憬、熱愛的美麗生物，正面臨什麼樣無可比擬的災難！

比如鯨魚。

二〇一三年，我之所以選擇到法羅群島附近旅遊，一方面是因爲搭乘的郵輪剛好有經過那裡；再方面則是因爲看過電視上介紹該地是獵鯨與護鯨人拉鋸的現場，職是之故，更讓我想去一探究竟。

法羅群島共有十八座大小島嶼，峽灣地形美不勝收。然而也正因如此，讓捕鯨人有了天時地利的獵殺舞台。

Discovery 頻道有個節目，報導有群被稱爲「海洋看守者」的人，爲首的領導者名叫保羅。他們專責阻止捕鯨船獵殺鯨魚。

鯨魚被捕獵的過程十分殘忍。捕鯨人先是利用圓頭鯨喜歡靠近海灘吃烏賊的習性，將鯨魚驅趕到其中一座島嶼的海灘。因爲峽灣爲長U形，鯨魚一旦進入，完全無法出去。此時，峽灣旁那五百人的小村莊便傾巢而出，全村的人一擁而上，將受困淺灘的鯨魚活活打死。

你絕對難以想像，人類齊力解決一頭碩大的圓頭鯨，竟然只要三十秒的時間！

前一分鐘還是碧海藍天，頃刻間海水便被染紅，其殘暴恐怖的程度，想來就連「鯨魚煉獄」也難以形容罷！

短短不到一小時，一百多頭圓頭鯨便香消玉殞！血染的海面像在嘲諷著人類的無知與殘忍！沒有一聲哀號，聽不見半句悲歌，這地球上美麗的身影就此消逝。

海洋守護者們乘著一艘由老牌法國影星碧姬・芭杜捐贈的船隻「碧姬・芭杜號」，在鯨魚出沒的峽灣附近投擲聲納，鯨魚畏懼那樣的音頻，便不敢靠近。此種防堵法，某程度來說，算是有效遏止了鯨魚的大規模屠殺。

然而人類的生存權也有人執意維護。對於峽灣村落的居民來說，捕殺圓頭鯨向來是他們世代賴以維生的傳統。甚至當地人為了保護自己的漁民，不惜登船逮捕為鯨魚請命的海洋守護者。

地球上，有多少知與未知的角落，正不斷上演「殘忍中的生存之道」。這之間的矛盾，就如同當我在非洲旅行時，自馬賽族人身上看到的：人與天地之間的共榮共存以及競爭。也許，鯨魚的大規模獵殺在殘忍程度上遠遠勝出，但說到底，還是為了求存！箇中眞義，往往讓我迷惘，也讓我省思。究竟誰是誰非，恐怕也難以有個不受質疑的定論吧！

Eurasian Publishing Group
圓神出版事業機構
用心與你對話・視野無限寬廣
圓神出版社
Eurasian Press

http://www.booklife.com.tw reader@mail.eurasian.com.tw

圓神文叢 184

回家：今日是明日的回憶

作　　者／黃麗穗
發 行 人／簡志忠
出 版 者／圓神出版社有限公司
地　　址／台北市南京東路四段50號6樓之1
電　　話／（02）2579-6600・2579-8800・2570-3939
傳　　真／（02）2579-0338・2577-3220・2570-3636
郵撥帳號／18598712　圓神出版社有限公司
總 編 輯／陳秋月
主　　編／吳靜怡
責任編輯／林慈敏
校　　對／林慈敏・韓宛庭
美術編輯／王　琪
行銷企畫／吳幸芳・詹怡慧
印務統籌／劉鳳剛・高榮祥
監　　印／高榮祥
排　　版／杜易蓉
經 銷 商／叩應股份有限公司
劃撥帳號／18707239
法律顧問／圓神出版事業機構法律顧問　蕭雄淋律師
印　　刷／國碩印前科技股份有限公司
2015年11月　初版

定價 360 元　ISBN 978-986-133-559-9

每當我離家旅行，便是我對家的思念最悠長之時。旅行讓我學會在矛盾之際取捨。

——《回家：今日是明日的回憶》

國家圖書館出版品預行編目資料

回家：今日是明日的回憶 / 黃麗穗 作.
-- 初版. -- 臺北市：圓神，2015.11
216面；17×23公分 -- （圓神文叢；184）
ISBN 978-986-133-559-9（平裝）

1. 旅遊文學　2. 世界地理

719　　104019736